ELOGIOS PARA *El Millonario Automático*

r fin, un libro que te ayuda a dejar de sudar cuando piensas en
inero! *El Millonario Automático* es una lectura rápida y fácil
te impulsa a tomar acción. David Bach es el entrenador de di-
en quien hay que confiar a lo largo de los años para encon-
una motivación financiera".

—Richard Carlson, autor de
Don't Sweat the Small Stuff

illonario Automático prueba que no hay que ganar mucho di-
ni tener un plan financiero complicado para comenzar. Tú
s comenzar a encaminarte hacia tu sueño financiero prácti-
te hoy mismo, en cuestión de horas, con sólo un secreto que
ará tu vida: ¡págate a ti mismo primero y hazlo automática-
! Tan importante como eso es que este libro te muestra
simplificar y automatizar toda tu vida financiera".

—Harry S. Dent, Jr., estratega de inversiones
y autor de *The Roaring 2000s*

illonario Automático es, para decirlo sencillamente… ¡un
rito! Puedes leerlo en cuestión de horas y poner en acción
ediato un plan poderoso, fácil y totalmente AUTOMÁTICO
certe millonario".

—Robert G. Allen, coautor de
The One Minute Millionaire

"David Bach permite que entiendas tus finanzas de manera fácil, divertida y emocionante. *El Millonario Automático* es una guía práctica e inteligente para que aprendas a manejar a la perfección tu relación con el dinero".

—Barbara De Angelis, Ph.D., autora de
What Women Want Men to Know

"Más personas se convertirán en millonarias en los años venideros que en todos los años anteriores de la historia de la humanidad. Nunca como en el presente ha habido más posibilidades para que salgas de tus deudas, logres una independencia financiera y construyas una fortaleza financiera a tu alrededor. Este ágil libro de David Bach te ofrece las estrategias y técnicas prácticas que necesitas para tomar el control completo de tu vida financiera y convertirte en el millonario que quieres ser".

—Brian Tracy,
autor de *Goals!*

"David Bach te revela el secreto de acabar rico, y es tan sencillo que cualquiera puede hacerlo. Lee este libro, sigue sus consejos, y tu vida cambiará".

—Candace Bahr y Ginita Wall, cofundadoras del
Instituto Femenino de Educación Financiera (WIFE.org)

"Págate a ti mismo primero. Son ideas sencillas como ésta las que pueden tener un impacto decisivo en tu futuro financiero. Ignora el nuevo libro de David Bach a tu propio riesgo".

—Al Ries, autor de
Focus, the Future of Your Company Depends on It

"*El Millonario Automático* es brillante en su simplicidad y se disfruta totalmente su lectura. Si quieres crear seguridad financiera y dormir tranquilo por la noche, ¡sólo tienes que adquirir este libro! Gracias, David… tus consejos cambiarán las vidas de muchas personas".

—Barbara Stanny, autora de *Secrets of Six-Figure Women* y
Prince Charming Isn't Coming

"Una vez oí decir que para darle poder a algo, tienes que hacerlo práctico. *El Millonario Automático* es un libro 100 por ciento práctico y poderoso. David Bach es una de las pocas personas en el mundo de las finanzas que realmente quieren tener un enorme impacto en las vidas financieras de otras personas. ¡Éste es uno de esos escasos libros que de verdad pueden cambiar tu vida!"

—Louis Barajas, autor de
El camino a la grandeza financiera

David Bach

EL MILLONARIO AUTOMÁTICO

David Bach es el autor de los bestsellers nacionales *Las mujeres inteligentes acaban ricas, Smart Couples Finish Rich, The Finish Rich Workbook* y *1001 Financial Words You Need to Know,* y es presentador de su propio programa especial por la cadena PBS, "Smart Women Finish Rich". Los seminarios FinishRich (AcabaRico) de Bach, que son ahora los principales seminarios financieros en Norteamérica, han sido impartidos en más de 1.700 ciudades por miles de asesores financieros. Él es el Money Coach (Entrenador de Dinero) de America Online (Palabra clave en AOL: David Bach) y presentador de su propio programa de radio, el cual se transmite en toda la nación, *Live Rich with David Bach (Vive rico con David Bach).* Para leer selecciones de cualquiera de los libros de David Bach, por favor visita su sitio Web en www .finishrich.com.

También escritos por David Bach

En español

Las mujeres inteligentes acaban ricas®

En inglés

Smart Couples Finish Rich®
The Finish Rich Workbook
1001 Financial Words You Need to Know

EL MILLONARIO AUTOMÁTICO

EL MILLONARIO

AUTOMÁTICO

UN PLAN PODEROSO Y SENCILLO PARA VIVIR Y ACABAR RICO

DAVID BACH

Vintage Español
Una división de Random House, Inc.
Nueva York

Primera edición Vintage Español, marzo 2006

Copyright de la traducción © 2006 por Vintage Books, una división de Random House, Inc.

Todos los derechos reservados. Editado en los Estados Unidos de América por Vintage Español, una división de Random House, Inc., Nueva York y en Canadá por Random House of Canada Limited, Toronto. Publicado originalmente en inglés en los EE.UU. como *The Automatic Millionaire* por Broadway Books, una división de Random House, Inc., Nueva York, en 2004. Copyright © 2004 por David Bach.

Vintage es una marca registrada y Vintage Español y su colofón son marcas de Random House, Inc.

The Automatic Millionaire, The Latte Factor, DOLP, Smart Women Finish Rich, Smart Couples Finish Rich son marcas registradas de FinishRich, Inc.

Biblioteca del Congreso de los Estados Unidos
Información de catalogación de publicaciones
Bach, David.
[Automatic millionaire. Spanish]
El millonario automático : un plan poderoso y sencillo para vivir y acabar rico / David Bach.—1st ed.
p. cm.
Includes index.
1. Finance, personal.   2. Financial security.   I. Title.
HG179 .B23418 2006
332.024'01—dc22
2005043480

Vintage ISBN-10: 0-307-27546-9
Vintage ISBN-13: 978-0-307-27546-2

Este libro está diseñado para brindar información certera y autorizada sobre el tema de las finanzas personales. Si bien todas las historias y anécdotas descritas en este libro están basadas en experiencias reales, la mayoría de los nombres son seudónimos, y algunas situaciones han sido ligeramente alteradas con propósitos educativos y para proteger la privacidad de cada persona. Se vende bajo el acuerdo de que, al publicar este libro, ni el Autor ni la Editorial tienen el compromiso de ofrecer servicios legales, o de contabilidad, ni otros servicios profesionales. Como la situación de cada persona es única, las preguntas referentes a finanzas personales y específicas a esa persona deben dirigirse a un profesional adecuado para asegurar que la situación ha sido evaluada cuidadosa y apropiadamente. El Autor y la Editorial niegan específicamente cualquier responsabilidad legal, pérdida o riesgo en que se incurra como consecuencia, directa o indirectamente, del uso y la aplicación de cualesquiera de los contenidos de esta obra.

www.grupodelectura.com

Impreso en los Estados Unidos de América
10 9 8 7 6 5 4 3 2

Para mi maestro de inglés,

Peter Annas,

gracias por su preocupación por mí y por

inspirarme a escribir.

Usted cambió mi vida.

Tabla de contenido

Capítulo ocho

Una última palabra

EL MILLONARIO AUTOMÁTICO

Introducción

¿Qué harías si te dijera que solamente en una o dos horas yo podría enseñarte un sistema que, a paso lento pero seguro, te convertiría en millonario?

¿Qué harías si te dijera que se trata de un sistema probado, que tú podrías establecer en sólo una o dos horas, y que no necesitaría presupuesto ni disciplina, requeriría menos de diez dólares al día de inversión y que se podría hacer a través del teléfono, desde la comodidad de tu hogar?

¿Qué harías si te dijera que este sistema se llama El Millonario Automático™ y que si pasas sólo una o dos horas conmigo, tú podrías convertirte en Millonario Automático? ¿Qué harías si te dijera que es fácil... en realidad tan fácil que, una vez que lo establezcas, jamás tendrás que pasar más de diez minutos al mes para revisarlo?

¿Me prestarías atención? ¿Pasarías una o dos horas conmigo? ¿Te gustaría convertirte en un Millonario Automático?

—DAVID BACH

Si las líneas anteriores te han llamado la atención —y espero que
así haya sido—, te ruego que sigas leyendo. Si estás en una libre-
ría, quédate donde estés y lee unas cuantas páginas más. Te prometo que quedarás atrapado. Este libro está diseñado para leerse
en no más de una o dos horas, y para poner en acción inmediatamente lo que enseña. Se lee fácil. Es un sistema fácil. Puede ayudarte si permites que lo haga, ya que está basado en consejos
financieros de sentido común probados y prácticos.

¿QUIÉN SE ROBÓ EL SUEÑO
AMERICANO?

En algún lugar, de alguna manera, a lo largo de los últimos
años, algo le pasó al sueño americano de ser dueño de una vivienda en un barrio agradable, conducir un buen auto, brin-
darles a tus hijos (si los tienes) una vida mejor que la que tú
tuviste, y jubilarte con dinero suficiente para hacer lo que quieras cuando quieras hacerlo. Lo que sucedió es que este sueño
desapareció para muchos estadounidenses.

Como resultado de la contracción del mercado de valores,
muchos estadounidenses han visto evaporarse su riqueza personal. Entre la cima alcanzada por Wall Street en marzo de 2000
y el verano de 2002, las pérdidas del mercado de valores estadounidense llegaron a unos impresionantes $61,9 millones de
millones. Debido a eso, millones de personas se han visto obli-
gadas a abandonar su jubilación y buscar trabajo nuevamente.
Nadie sabe por cuánto tiempo estas personas tendrán que seguir trabajando. Al mismo tiempo, millones más que habían

planeado jubilarse en los próximos cinco a diez años se preguntan: "¿Qué fue lo que pasó? ¿Podré jubilarme algún día? ¿Dónde está mi pedazo del sueño?"

Para la mayoría de los estadounidenses, el antiguo concepto de invertir para el futuro, sencillamente, no está funcionando. Considera esto: según el Concejo Estadounidense de Educación sobre Ahorros, casi la mitad de todos los trabajadores de este país tienen menos de $25.000 de ahorros, y casi 60 millones de estadounidenses (eso quiere decir uno de cada cinco) no tienen nada en el banco. Así es: cero, absolutamente nada. Al mismo tiempo, las más recientes estadísticas indican que el estadounidense promedio actualmente tiene deudas de más de $48.000 en sus tarjetas de crédito.

Hasta la supuestamente rica generación nacida entre finales de los años 40 y principios de los 60* no está en una situación financiera muy buena. Aproximadamente el 70 por ciento de las personas de esa generación alcanzarán la edad de jubilación en los próximos quince años, pero sin embargo, según un estudio de la Asociación Estadounidense de Personas Jubiladas, la persona típica de ese grupo posee valores financieros que sólo suman $1.000. Estas personas nacieron durante un período de explosión de la natalidad, pero ahora lo que está explotando son sus finanzas.

---

* Conocida en inglés como la generación de los *"baby boomers"*, que nacieron en los primeros años después de la segunda guerra mundial.

¿CÓMO ANDAN TUS FINANZAS?

¿Sigues viviendo de cheque a cheque? ¿O es peor aún? ¿Estás viviendo de cheque a cheque y aumentando de tal forma las deudas de tus tarjetas de crédito que apenas puedes conseguir pagar el mínimo mensual? ¿Sabías que si debes $2.000 en tus tarjetas de crédito y estás pagando solamente el mínimo mensual, demorarás más de dieciocho años —y un total de más de $4.600— en pagar tu saldo?

No te ofrezco estos datos y cifras para que te deprimas. Te los presento para asegurarte que si no eres tan rico como quieres, o necesitas serlo, hay muchos a quienes les sucede lo mismo.

Si has leído cualquiera de mis otros tres libros —*Smart Women Finish Rich®**, *Smart Couples Finish Rich®* o *The Finish Rich Workbook*—, sabes que mi método para aprender sobre el dinero se basa en el sentido común. También sabes que, al convertir el tema del dinero en algo divertido y simple, he logrado ayudar a millones de personas a tomar acción para transformar sus vidas financieras. Y dentro de ese mismo espíritu de sentido común, permíteme explicarte qué fue lo que me llevó a escribir este libro. En realidad, es muy sencillo.

---

* *Las mujeres inteligentes acaban ricas*, en su versión en español.

CREO QUE MERECES VIVIR
EL SUEÑO AMERICANO...

¡sólo tienes que aprender el secreto de cómo hacerlo!

Me decidí a escribir este libro porque, después de todos mis otros libros, las presentaciones en radio y televisión, y los cientos de discursos y seminarios que brindo, la gente me sigue preguntando todos los días: "David, ¿cuál es el secreto para hacerse rico? ¿Tengo todavía posibilidades de hacerme rico? ¿Perdí para siempre mi oportunidad?"

Hasta mis propios amigos me lo preguntan. Dicen cosas como: "David, no quiero tener que reunirme con un asesor, leer un libro grande ni ir a una clase. Dime solamente qué hacer. ¿Cuál es el secreto?".

Y, ¿saben qué? *Sí* existe un secreto para hacerse rico en los Estados Unidos. Y es muy sencillo. En realidad, es tan fácil que casi nadie lo utiliza.

No sólo es sencillo, sino que también es relativamente obvio; tan obvio que lo más probable es que tú ya conozcas la mayor parte de él. Pero eso no significa que no te quede nada por aprender. Después de todo, si no eres rico —el hecho de que has seguido leyendo este libro indica que probablemente no lo eres—, no importa si ya has escuchado algunas de las técnicas que voy a compartir contigo.

¿Por qué?

Pues porque lo más probable es que no las estés usando. Y casi seguro que tampoco tus amigos lo hacen. De hecho, la mayoría de los estadounidenses no están usando estos secretos porque en la escuela no se enseñan de la forma en que se debería hacer.

LO QUE DEBÍAN HABERTE ENSEÑADO EN LA ESCUELA... PERO QUE NO HICIERON

El propósito de este libro no es solamente revelarte esos secretos. También es hacer que los pongas en práctica.

Eso sí, vamos a aclarar algo. No te estoy prometiendo "transformar tu situación financiera del día a la noche". Este no es un libro de esos que te aseguran que "no hace falta un pago inicial", o que te dicen que publiques anuncios pequeñitos en los periódicos, o "compra nuestros programas de computadora y nuestro boletín y tú también podrás hacerte rico instantáneamente".

Si bien el título de este libro no es una exageración, tampoco estoy hablando de ayudarte a convertirte en millonario en cuestión de semanas, unos cuantos meses o, inclusive, unos cuantos años. Lo que aprenderás es cómo convertirte en millonario —a ritmo constante y seguro— a lo largo de tu vida laboral. No es una estrategia a paso de tortuga, pero tampoco de liebre. Tal vez esto no suena tan emocionante como hacerse millonario en un par de semanas o meses, pero —te lo prometo— es mucho más realista. Como ya te dije, es un enfoque probado y verdadero, lleno de sentido común, para hacerte independiente desde el punto de vista financiero… y lograr el sueño americano.

Piensa en cuán poca gente en esta época consigue jubilarse sin deudas ni obligaciones, con suficiente dinero ahorrado como para vivir el tipo de vida con el que siempre soñaron, lo bastante jóvenes aún como para disfrutarla plenamente. ¿No te gustaría ser una de esas personas? ¿No crees que tú mereces vivir el sueño americano? Eso es lo que este librito puede hacer para ti.

CÓMO FUNCIONA ESTE LIBRO

Primero, vas a conocer al Millonario Automático original. En mis muchos años como asesor financiero, autor y orador, he conocido en persona a cientos de Millonarios Automáticos. Lo asombroso es que tú vives rodeado por ellos, pero nunca te darías cuenta. Jim y Sue McIntyre, cuya historia vas a escuchar en el próximo capítulo, fueron los primeros que conocí, y lo que aprendí de ellos cambió mi vida.

Así que lee su historia y medita sobre ella. Su relato contiene un poderoso mensaje que puede cambiar de inmediato tu manera de pensar acerca del dinero. Y cuando tu forma de pensar haya cambiado, será fácil cambiar tus acciones. Después de todo, los siguientes siete capítulos te explicarán detenidamente lo que tienes que hacer para seguir los pasos de Jim y Sue y convertirte tú también en un Millonario Automático.

TOMA EL COMPLICADO MUNDO DEL DINERO Y HAZLO FÁCIL

Hay miles y miles de libros que tratan el tema del dinero. Todos prometen enseñarte cómo hacerte rico. Probablemente ya tienes algunos de estos libros. Y probablemente los compraste con buenas intenciones pero, o no los has leído nunca o, peor aún, trataste de leerlos y te parecieron confusos o te pusieron a dormir.

Este libro no te confundirá ni te dará sueño. Es sencillo y directo y, en unas cuantas horas, te enseñará todo lo que tienes que saber para convertirte en un Millonario Automático.

La filosofía en la que se basa El Millonario Automático™:

- No tienes que ganar un montón de dinero para ser rico.
- No necesitas disciplina.
- No necesitas "ser tu propio jefe". (Sí, puedes hacerte rico siendo un empleado.)
- Al usar lo que llamo El Factor Café Latte®, puedes hacer una fortuna con sólo unos pocos dólares al día.
- Los ricos se hacen ricos (y siguen siendo ricos) porque se pagan primero a ellos mismos.
- Los propietarios de vivienda se hacen ricos; los que arriendan se hacen pobres.
- *Sobre todo, necesitas un "sistema automático" para que no falles.*

APRENDERÁS CÓMO AUTOMATIZAR TU PLAN

Todo se resume en esto:

Si tu plan financiero no es automático, ¡fracasarás! Un plan de inversiones que te exige que seas disciplinado y que te atengas a un presupuesto y a escribir cheques a mano cada dos semanas, sencillamente, no va a funcionar. Tu vida es complicada. No tienes tiempo de sentarte cada cierto número de semanas y pensar en cómo ahorrar y a quiénes enviarles cheques. ¿No has intentado ya ponerte un presupuesto y ahorrar? No funciona, ¿verdad? No obstante, esto es lo que la mayoría de los estadounidenses están tratando de hacer. Es una receta para la frustración y el fracaso.

Pero hay, sin embargo, una solución simple.

El único modo de crear un cambio financiero duradero que te ayudará a crear una verdadera riqueza con el paso del tiempo es...

¡HACER AUTOMÁTICO TU PLAN FINANCIERO!

Automatizar tu plan financiero es el único paso que prácticamente te garantiza que no fracasarás en tus finanzas. ¿Por qué? Porque al hacerlo automático, te habrás preparado para el éxito. Y, como aprenderás en este librito, tú puedes hacer esto en cuestión de minutos.

Por eso, este libro lleva el subtítulo de *"Un plan poderoso y sencillo para vivir y acabar rico"*. ¡Ese plan sencillo es tomar un sólo paso para hacer AUTOMÁTICOS todos los aspectos de tus finanzas!

¿A qué me refiero cuando hablo de un plan que es automático? Me refiero a un plan que, cuando lo hayas establecido, te permite vivir tu vida sin tener que dedicar mucho tiempo a pensar en —o, peor aún, a preocuparte por— tu dinero. ¿Sabes por qué esto es importante? Porque, a fin de cuentas, lo que le falta a nuestras vidas hoy día es... *¡vida!* Haz automático tu plan financiero y una de las cosas más poderosas que obtendrás de esto es tiempo libre de preocupaciones... lo cual, después de todo, significa sacarle más provecho a tu vida.

Si te atrae la idea de convertirte en un Millonario Automático con un plan sencillo y automatizado, has venido al sitio adecuado. No te preocupes si en este momento todo te suena como demasiado fácil. Como verás en las próximas horas, debido a su enfoque increíblemente simple, éste es un libro increíblemente fácil de leer. Mejor aún, cada capítulo termina con un breve resumen al que llamo **Pasos para tomar acción del Millonario Automático,** el cual expone con absoluta claridad exactamente lo que debes hacer hoy para iniciar tu camino hacia la acumulación de verdadera riqueza.

De verdad, se puede hacer. Como ya verás, si Jim y Sue McIntyre pudieron convertirse en Millonarios Automáticos, cualquiera puede hacerlo. Hasta tú. Así que vamos a empezar. Creo que en sólo unas pocas horas te sentirás agradablemente sorprendido de lo mucho que ha cambiado tu forma de pensar… y lo listo que ya estás para tomar acción.

¡GRATIS! AUDIO PARA EL MILLONARIO AUTOMÁTICO

Como una forma más de agradecerte el que hayas leído este libro, me gustaría ofrecerte un nuevo programa de audio que he desarrollado. Se titula:

The Automatic Millionaire Jumpstart (El impulso inicial para el Millonario Automático)

Lo he creado como un regalo adicional para ayudar a que te inspires realmente a tomar acción de inmediato respecto a lo que aprendes en este libro. Por favor, visita mi sitio web en www.finishrich .com o ve directamente a www.finishrich.com/automaticmillionaire. Escucharás una entrevista en inglés que tiene más información sobre el tema. ¡Disfrútala!

CAPÍTULO UNO

CONOCE AL MILLONARIO AUTOMÁTICO

Nunca olvidaré cuando conocí por primera vez a un Millonario Automático. Yo tenía alrededor de veinticinco años e impartía una clase sobre inversiones en un programa local de educación para adultos. Jim McIntyre, un hombre de mediana edad, gerente de nivel medio para una compañía local de servicio público, era uno de mis estudiantes. No habíamos hablado mucho hasta un día en que se me acercó después de clase para preguntarme si podía hacer una cita conmigo con el objeto de revisar la situación financiera de él y su esposa.

La petición me sorprendió. Aunque estaba convencido (y sigo estándolo) de que casi todos pueden beneficiarse del consejo de un planificador financiero experto, Jim no me parecía ser el tipo de persona que buscaría esa orientación.

Le dije que estaba dispuesto a hacer una cita, pero que si quería mi ayuda, su esposa también tendría que venir, ya que mi grupo sólo administraba dinero para parejas que manejaban juntos sus finanzas.

Jim sonrió:

—No hay problema con eso —dijo—. Sue es la razón por la que estoy aquí. Ella asistió al seminario de *Las mujeres inteligentes acaban ricas* que usted ofreció y me dijo que yo debía inscribirme en su curso. Me ha gustado lo que usted ha dicho, y ambos pensamos que ya es hora de planificar un poco nuestras finanzas. Sabe, tengo pensado jubilarme el mes próximo.

Eso sí me sorprendió. No dije nada, pero mientras examinaba detenidamente a Jim, dudé que pudiera estar en condiciones como para jubilarse. Por los comentarios que él había hecho en la clase, yo sabía que tenía un poco más de cincuenta años, que había trabajado en la misma compañía durante treinta años sin haber ganado nunca más de $40.000 al año, y que no creía en hacer presupuestos. También sabía que se consideraba a sí mismo un "ultraconservador", así que me imaginé que no podía haber hecho una fortuna en el mercado de valores.

Mi abuela, Rose Bach, me había enseñado a no juzgar jamás un libro por su cubierta. Pero algo no encajaba aquí. Tal vez Jim había heredado un montón de dinero. Mejor para él que así fuera, pensé.

"¿QUÉ ES LO QUE NO CUADRA AQUÍ?"

Cuando los McIntyre vinieron a mi oficina unos cuantos días después, parecían exactamente lo que eran: gente muy trabajadora, estadounidenses de tipo promedio. Lo que más me llamó la atención de Jim fue que vestía una camisa de salir de mangas cortas con un protector de bolsillo plástico en el bolsillo delantero. Su esposa, Sue, era un poquito más sofisticada, con algunos rayitos muy rubios en el cabello. Ella era cosmetóloga, un par de años más joven que Jim.

Lo curioso era que no actuaban como personas de mediana edad. Estaban tomados de la mano como dos adolescentes de secundaria durante su primera cita, chispeantes de emoción. Antes de que pudiera preguntarles en qué podía ayudarlos, Jim comenzó a hablar acerca de sus planes y de lo que haría en su tiempo libre. Mientras, Sue no paraba de exclamar:

—¡No es maravilloso que él se pueda jubilar tan jóven! La mayoría de la gente no puede jubilarse hasta que llegan a los sesenta y cinco años, si acaso, ¡pero Jim va a poder hacerlo a los cincuenta y dos!

"NO NOS PRECIPITEMOS".

Al cabo de diez minutos de esto, tuve que interrumpir.

—Señores, ustedes tienen un entusiasmo contagioso, pero no nos precipitemos. En los últimos años he conocido a prácticamente cientos de jubilados potenciales, y les digo esto: casi ninguno de ellos ha podido jubilarse a los cincuentitantos de años. —Miré a Jim a los ojos—. Por lo general, la gente viene a mi oficina para averiguar *si es que* se pueden jubilar —dije—. Parece que ustedes ya están convencidos de que pueden. ¿Qué los hace sentirse tan seguros de que tienen los recursos para hacerlo?

Jim y Sue intercambiaron una mirada. Entonces Jim se volvió hacia mí:

—Usted no cree que somos lo suficientemente ricos —dijo—, ¿verdad?

La manera en que Jim lo dijo no fue exactamente como una pregunta.

—Bueno, ésa no es la forma en que yo lo hubiera planteado —contesté—, pero sí, hace falta bastante dinero para tener fondos suficientes para jubilarse antes de tiempo, y los ahorros de la mayoría de las personas de la edad de ustedes ni se acercan a lo que se necesita para eso. Sabiendo lo que sé acerca de su vida, tengo verdadera curiosidad por saber cómo es que ustedes pueden tener el dinero suficiente.

Lo miré fijamente. Él, a su vez, me contempló serenamente.

—Jim, usted sólo tiene cincuenta y dos años —le dije—. Teniendo en cuenta que solamente alrededor de una de cada diez personas tiene escasamente los fondos necesarios para retirarse a la edad de sesenta y cinco años con un estilo de vida similar al que tenían cuando estaban trabajando, tienes que admitir que jubilarse a tu edad, con tu ingreso, sería una verdadera proeza.

Jim asintió.

—Es cierto —dijo, y me entregó un fajo de documentos. Allí estaban los informes de impuestos sobre los ingresos de él y Sue, así como los estados financieros que listaban exactamente sus propiedades y sus deudas.

Miré primero los informes de los impuestos sobre sus ingresos. El año anterior, Jim y Sue habían ganado un total de $53.946. Nada mal. No eran ricos, sin duda, pero era un ingreso adecuado.

Bien, ¿qué más? ¿Cuánto debían?

Pasé la vista por sus estados financieros. No pude encontrar ninguna deuda importante en las listas.

—Aaah —murmuré levantando una ceja—. ¿Ustedes no tienen deudas?

"LOS MCINTYRE NO TIENEN DEUDAS".

Intercambiaron otra mirada, y Sue le apretó la mano a Jim.

—Los McIntyre no tienen deudas —dijo ella con una sonrisita burlona.

—¿Y sus hijos? —pregunté.

—¿Qué pasa con ellos? —respondió Jim—. Los dos salieron ya de la universidad, están por su cuenta, y que Dios los bendiga.

—Pues está bien —dije—, vamos a ver las propiedades que tienen.

Regresé al estado financiero. Habían dos viviendas en la lista: la casa en que ellos vivían (con un valor de $450.000) y una propiedad que arrendaban (otra casa valorada en $325.000).

—¡Caramba! —exclamé—. ¿Dos casas y no tienen hipoteca en ninguna?

—No— respondió Jim—. Ninguna hipoteca.

Luego vinieron las cuentas de jubilación. El saldo del plan 401(k) de Jim llegaba en ese momento a los $610.000. Y había más. Sue tenía dos cuentas personales de jubilación que sumaban $72.000. Además, poseían $160.000 en bonos municipales y $62.500 en efectivo en una cuenta de ahorros del banco.

Eso era tener una buena base de bienes. Si añadimos a esto algunas propiedades personales (incluído un bote y tres autos, todos pagados por completo), ¡el valor neto de la riqueza que poseían se acercaba a los $2 millones!

Como quiera que se mire, los McIntyre eran ricos. No se trataba sólo de que sus muchas propiedades y bienes estuvieran libres de deudas (aunque eso era de por sí bastante asombroso); también tenían un flujo continuo de ingresos y dividendos que venían de sus inversiones, y $26.000 al año del alquiler generado por su segunda vivienda. Encima de eso, Jim había sido aprobado para recibir una pequeña pensión, y a Sue le gustaba tanto su profesión de cosmetóloga que planeaba seguir trabajando hasta los sesenta años (aunque no tenía necesidad de hacerlo). De repente, el plan de Jim de jubilarse a los cincuenta y dos no parecía una locura. En realidad, era completamente realista. Más que realista: ¡era emocionante!

"HEREDAMOS CONOCIMIENTOS".

Normalmente, no me asombra lo rico que alguien sea. Pero había algo respecto a los McIntyre que me impresionó. No parecían ricos. Ni lucían como personas fuera de lo común. Por el contrario, parecían perfectamente comunes y corrientes: la pareja promedio agradable y trabajadora. ¿Cómo era posible que hubiesen acumulado una fortuna siendo relativamente tan jóvenes?

Decir que me sentía confundido es poco. Pero también quedé enganchado. En esa época yo tenía alrededor de veinticinco años y, aunque estaba ganando bastante dinero, el dinero de mi salario se me acababa a fin de mes. Algunos meses lograba ahorrar un poco, pero lo más común era que se me complicaran las cosas o que gastara demasiado el próximo mes y no pudiera ahorrar ni un centavo. Muchos meses me daba la sensación de que, en vez de prosperar, me estaba quedando atrás, trabajando cada vez más para poder satisfacer mis gastos.

Aquello, de verdad, me avergonzaba y me frustraba. Yo era un asesor financiero que les enseñaba a los demás cómo ahorrar, y, sin embargo, a menudo estaba corto de dinero. Peor aún: los McIntyre, quienes probablemente en su mejor año apenas habían ganado la mitad de lo que yo ganaba, eran millonarios, mientras que yo tenía cada vez más deudas.

Era evidente que ellos sabían algo de cómo poner su dinero a funcionar que yo tenía que aprender. Y decidí descubrir qué era. ¿Cómo podían estas personas tan comunes haber acumulado semejante riqueza? Ansioso de conocer su secreto, pero sin saber dónde comenzar, por fin les pregunté:

—¿Heredaron ustedes parte de esto?

Jim soltó una risotada.

—¿Heredar? —repitió sacudiendo la cabeza—. Lo único que heredamos fueron conocimientos. Nuestros padres nos enseñaron unas cuantas reglas sensatas respecto a la administración del dinero. Nosotros sólo hicimos lo que ellos dijeron, y de verdad que funcionó. Y lo mismo le sucedió a mucha gente que conocemos. De hecho, en nuestro barrio, alrededor de la mitad de nuestros amigos van a jubilarse este año, y muchos de ellos están aun en mejor situación que nosotros.

En ese momento, yo ya estaba cautivado. Los McIntyre habían venido a entrevistarme acerca de cómo yo podía ayudarlos, pero ahora era yo quien quería entrevistarlos a ellos.

UNA COSA ES SER RICO, Y OTRA, PARECERLO

—Saben —les dije—, todas las semanas me reúno con personas que asisten a mis clases, igual que ustedes lo hicieron, pero que son exactamente lo opuesto de ustedes. Es decir, que parecen ricos, pero cuando examinas en detalle lo que realmente poseen, a menudo resulta que no sólo *no* son ricos, sino que están arruinados. Esta misma mañana, me reuní con un hombre que conducía un Porsche nuevo y que llevaba un reloj Rolex de oro. Parecía riquísimo, pero cuando examiné sus estados de cuenta descubrí que estaba endeudado al máximo. Un tipo de unos cincuenta y cinco años, que vive en una casa de medio millón de dólares con una hipoteca de $800.000. Con menos de $100.000 ahorrados, deudas de más de $75.000 en tarjetas de crédito, ¡y estaba alquilando un Porsche! Además, les está pagando manutención a dos ex esposas.

Al llegar aquí, ninguno de los tres pudimos aguantarnos. Todos comenzamos a reírnos.

—Sé que eso no es chiste —dije—, pero esta persona, que luce rica y exitosa, en realidad es un desastre financiero y emocional. Manejó sus finanzas como maneja su Porsche: siempre al máximo de velocidad. Y entonces vienen ustedes. En un Ford Taurus. Jim tiene un reloj Timex de hace diez años…

—Para nada —interrumpió Jim con una sonrisa—. Este Timex tiene dieciocho años.

—¡Eso es! —dije—. Un Timex de dieciocho años. Y ustedes son *ricos*. Son felices como lombrices, siguen casados, pagaron los estudios universitarios de sus dos hijos, y se están jubilando con cincuentitantos años. Así que, por favor, díganme: ¿cuál es su secreto? Tienen que tener un secreto, ¿verdad?

Sue me miró fijamente.

—¿De verdad que quieres saber? —preguntó.

Asentí sin decir palabra. Sue miró a Jim:

—¿Crees que podemos dedicarle quince minutos adicionales para explicárselo?

—Claro que sí —dijo Jim—. ¿Qué son quince minutos? —Se volvió hacia mí—. Sabes David, tú conoces este asunto. Lo enseñas a diario. Pero nosotros lo vivimos.

JIM Y SUE COMPARTEN SU HISTORIA

Sue respiró profundamente y entonces comenzó a relatar su historia.

—Bueno, ante todo, nos casamos jóvenes. Jimmy tenía veintiún años cuando comenzamos a salir, y yo, diecinueve. Nos casamos tres años más tarde. Después de nuestra luna de miel, nuestros padres nos sentaron y nos dijeron a ambos juntos que teníamos que tomar en serio nuestras vidas. Dijeron que teníamos una opción. Podíamos trabajar toda la vida para ganar dinero y vivir de mes a mes, de cheque a cheque, como la mayoría de la gente. O podíamos aprender a hacer que nuestro dinero trabajara para nosotros y disfrutar realmente nuestras vidas. El truco, dijeron, era sencillo. Cada vez que ganes un dólar, debes asegurarte de pagarte a ti primero.

"DECIDIMOS PAGARNOS A NOSOTROS PRIMERO".

Jim asintió con la cabeza.

—Sabes —dijo—, la mayoría de la gente piensa que cuando recibe su cheque salarial, lo primero que tienen que hacer es pagar todas sus cuentas… y luego, si queda algo, pueden ahorrar unos cuantos pesos. En otras palabras, págale a todo el mundo primero y, por último, a ti. Nuestros padres nos enseñaron que para realmente salir adelante tienes que invertir este concepto.

Separa unos cuantos dólares para ti, y DESPUÉS paga el resto de tus cuentas.

Jim se recostó en su silla y se encogió de hombros, como quien dice, "Eso no es nada".

Sue sonrió y negó con la cabeza:

—Jim lo dice como si fuera fácil —dijo—, pero la verdad es que tuvimos que aprender cómo ahorrar nuestro dinero. Al principio, tratamos de limitarnos a un presupuesto, pero, no sé por qué, las cuentas nunca salían bien y comenzamos a discutir frecuentemente. Un día llamé a mi mamá, disgustada por una pelea sobre dinero que habíamos tenido, y ella me dijo que hacer un presupuesto no iba a funcionar. Me dijo que ella y mi papá habían tratado de hacerlo, pero que eso los había conducido a interminables discusiones. Así que decidieron abandonar el presupuesto y, en su lugar, sacar el 10 por ciento de sus cheques salariales y colocar ese dinero en una cuenta de ahorros antes de verlo o de tener la oportunidad de gastarlo en algo.

—"Vas a sorprenderte de lo rápidamente que te acostumbras a no contar con ese 10 por ciento", me dijo. "Y, mientras tanto, se está acumulando en el banco". El secreto, me explicó, es que no puedes gastar lo que no ves. Y eso fue lo que hicimos. Al principio comenzamos a separar sólo el 4 por ciento de nuestro ingreso, y poco a poco fuimos aumentando esa cantidad. Hoy día, ahorramos el 15 por ciento. Pero por lo general siempre ahorrábamos alrededor del 10 por ciento, tal y como mamá decía.

—¿Y qué hicieron con sus ahorros? —le pregunté.

—Bueno —dijo Sue—, lo primero que hicimos fue comenzar a ahorrar para nuestra jubilación.

—Sabes, en esa época no teníamos planes 401(k) —interrumpió Jim—. Pero muchas compañías, entre ellas la mía, tenían planes de pensión que te permitían añadir dinero adicional si querías. La mayoría de nuestros amigos ni se molestaron. Pero nosotros sí.

Sue retomó el relato nuevamente.

—Después de eso, nuestra próxima prioridad fue ahorrar lo bastante para poder comprar una casa. Nuestros padres nos dijeron que sus viviendas habían sido la mejor inversión que había hecho en sus vidas, que nada te da la libertad y la seguridad que te brinda ser dueño de una vivienda. Pero la clave, decían, era ser dueño sin tener deudas sobre la propiedad. En otras palabras, paga esa hipoteca tan pronto como puedas. Decían que mientras nuestros amigos estaban ocupados decorando sus apartamentos ostentosamente, o cenando fuera todos los días, nosotros deberíamos vigilar nuestros gastos y ahorrar lo más que pudiéramos. Nos recalcaban la idea de que mucha gente malgasta gran cantidad de dinero en cosas insignificantes.

Sue miró a Jim.

—¿Te acuerdas, mi amor? —le preguntó.

—Claro que me acuerdo —respondió Jim, y se volvió hacia mí—. Sabes, el truco para prosperar en las finanzas no consiste en ser tacaño y aburrido. Consiste en vigilar los detalles, esos pequeños hábitos de gastos que te sería más conveniente abandonar. En nuestro caso, nos dimos cuenta de que una de las principales "pequeñeces" en las que estábamos gastando demasiado dinero eran los cigarrillos. Ambos fumábamos alrededor de una cajetilla al día, y nuestros padres lo odiaban. En esa época comenzaban a darse a conocer los riesgos de salud del fumar, y ellos nos dijeron que si dejábamos de gastar dinero en cigarrillos, probablemente en dos años podríamos ahorrar lo suficiente como para poner el dinero de entrada para comprar una casa. Y al mismo tiempo estaríamos protegiendo nuestra salud.

"VIGILAMOS NUESTRO FACTOR CAFÉ LATTE".

Jim se inclinó hacia delante en su asiento.

—¿Te acuerdas de ese concepto de tus seminarios al que llamas El Factor Café Latte,* con el que le enseñas a la gente a dejar de malgastar su dinero en café caro cada mañana y, en vez de eso, a invertirlo?

Asentí con un gesto.

—Bueno, mi papá no lo llamaba así, pero era lo mismo. Él lo podía haber llamado el factor cigarrillo o el factor "No gastes tu dinero como un tonto". La idea era idéntica. Si ahorrábamos unos cuantos dólares al día, al cabo de un tiempo podríamos comprar nuestra propia vivienda. Dijo que si arrendábamos siempre seríamos pobres, haciendo rica a otra persona. Si comprábamos una vivienda, al final nosotros nos haríamos ricos.

—¿Eso es todo? —pregunté—. ¿Ahorraron un poco de dinero al eliminar los cigarrillos y compraron una casa? —Miré a Jim y a Sue. Ellos me respondieron con una sonrisa y asintieron—. Pero, ¿cómo terminaron siendo propietarios de dos casas, ambas libres de hipotecas?

---

* Un café latte es muy parecido a un "café con leche". La diferencia está en la preparación—y "latte" quiere decir "leche" en italiano. En inglés se llama *The Latte Factor*.

—Bueno, en realidad no tenemos dos viviendas —dijo Sue—. Tenemos una vivienda y una propiedad que arrendamos. Ésa fue otra parte del secreto.

Jim prosiguió con la historia.

—Nuestros padres nos enseñaron un truco que facilita liquidar la hipoteca antes de tiempo. Es un truco que, según ellos, los bancos odiarían, pero que a nosotros nos iba a encantar, y estaban en lo cierto. Hoy en día, es más fácil que nunca hacerlo. Lo que tienes que hacer es tomar tu pago hipotecario y, en vez de pagarlo todo una vez al mes, pagas la mitad cada dos semanas. Si haces eso de forma regular, al final del año habrás dado un pago adicional sin que jamás sientas la falta del dinero. Así que, en lugar de demorarte treinta años en liquidar tu hipoteca, la pagarás en veintitrés. Pensamos que si seguíamos este plan podríamos comprar una vivienda cuando tuviéramos alrededor de veinticinco años de edad y ser dueños de ella, sin deudas, cuando estuviéramos llegando a los cincuenta. Lo que sucedió fue aún mejor. Acabamos haciendo aún más pagos adicionales de hipoteca de manera consistente. Así que, pocos años antes de cumplir los cuarenta, la casa estaba pagada por completo.

—¿Y entonces qué pasó? —pregunté.

—Entonces, como ya no teníamos que hacer más pagos de hipoteca, nos sobraba dinero todos los meses —me dijo Jim con una amplia sonrisa—. Pensamos que podíamos malgastarlo, o podíamos comprar una casa mejor y arrendar la otra. Y eso fue lo que hicimos, usando el mismo truco con el sistema de pago para liquidar la hipoteca más rápidamente. Y dimos en el clavo: casi sin darnos cuenta, éramos dueños de dos viviendas en las que no debíamos nada, una en la que vivíamos, y la otra que arrendábamos para recibir un buen ingreso adicional de manera fija.

—Buen plan —dije. Jim asintió enérgicamente.

—Otra cosa que la mamá y el papá de Sue nos enseñaron fue no comprar jamás a crédito —dijo él—. Ellos seguían una regla estricta que nos transmitieron y que nosotros hemos trasmitido a nuestros hijos: por grandes que sean, las compras se pagan con dinero en efectivo, o no se compran. La única excepción es la compra de una casa, y, como decía Sue, hay que pagar la hipoteca lo más pronto que puedas. No siempre es fácil, pero ésa es la regla.

—Así es —interrumpió Sue—. Jim tuvo que ahorrar durante cinco años para poder comprar su bote.

—E incluso cuando lo hice, preferí comprar uno usado —agregó él—. Pero no me importa. Me sentí feliz con dejar que otra persona cometiera el error de comprarlo nuevo al precio de venta… para que luego me lo vendiera por una fracción de lo que él había pagado. Hicimos lo mismo con todos nuestros autos. Siempre comprábamos autos usados, y nunca nos arrepentimos. Haz que un mecánico confiable revise el auto, cuídalo bien, y va a funcionar como uno nuevo.

—La cuestión es —dijo Sue— que si no teníamos el dinero en efectivo suficiente para comprar algo, no lo comprábamos. Durante todos los años que hemos estado casados, nunca hemos tenido deudas de tarjetas de crédito. Cuando usábamos las tarjetas, las liquidábamos el mismo mes. Ése fue otro consejo de nuestros padres que los bancos, decían ellos, iban a odiar y nosotros a adorar.

EL SECRETO MÁS IMPORTANTE

Me eché hacia atrás en mi silla, asombrado de cuán sencillo los McIntyre pintaban el asunto. Tenía que haber una trampa. Pensé en eso durante un momento, y entonces me di cuenta de lo que era.

—Todo lo que están hablando —dije— tiene sentido. Reducir los gastos innecesarios, acelerar los pagos de la hipoteca, pagarse ustedes mismos primero, comprar sólo en efectivo, evitar las deudas de las tarjetas de crédito; tienen razón en todo. Son éstas las cosas que enseño en mis seminarios. Pero para implementarlo como ustedes lo han hecho debe haber sido necesario una enorme fuerza de voluntad. De veras, me quito el sombrero ante ustedes. Desearía que todo el mundo poseyera ese tipo de autodisciplina que, evidentemente, tienen ustedes. Por desgracia, la mayoría de nosotros no la tenemos. Me imagino que por eso la mayoría de las personas nunca se hacen ricas como ustedes lo han hecho.

Una vez más, Jim y Sue intercambiaron miradas. Ambos sonrieron y, con un gesto, Jim invitó a Sue a que explicara.

NO NECESITAS FUERZA DE VOLUNTAD NI DISCIPLINA

—Pero ése es el punto —comenzó ella—. Nosotros *no* tenemos una enorme fuerza de voluntad. Si seguir los consejos de nuestros padres hubiera sido cuestión de autodisciplina, no creo que nos habría ido tan bien como nos ha ido.

—Creo que nos habría ido muy mal —interrumpió Jim—. Quiero decir, Sue tiene un poco de autocontrol, pero yo... ¡olvida eso!

Ahora yo me sentía realmente confundido.

—No lo entiendo —dije—. Si ustedes no tienen una autodisciplina especial, ¿cómo lo lograron? Después de todo, vivimos en una sociedad en la que la publicidad y la industria del entretenimiento (y hasta el gobierno) nos bombardean constantemente con tentaciones para que hagamos exactamente lo contrario de todo lo que sus padres les dijeron que hicieran. Entonces, ¿cómo resistieron? ¿Cómo lograron empeñarse en seguir todas esas reglas frente a todas esas tentaciones?

Mi intención al preguntárselo era más que pura curiosidad profesional. Como ya dije, en ese momento yo tenía alrededor de veinticinco años, y me estaba resultando increíblemente difícil ser lo bastante disciplinado como para ahorrar la cantidad de dinero que yo sabía que debía ahorrar. Mi profundo deseo de saber se me habrá notado en el rostro, porque tanto Jim como Sue se echaron a reír repentinamente. Poco después, yo también me eché a reír.

—Sabes, David —dijo Jim finalmente—, tenemos una hija que es un poquito más joven que tú. Así que, créaslo o no, entendemos lo difícil que puede resultarle a un veinteañero adquirir la disciplina de ahorrar dinero. Pero eso es lo bueno de nuestro método. No se necesita disciplina.

Lo miré con una expresión de duda en mi rostro.

—No me sorprende que te sientas escéptico —dijo Jim—. Es tan fácil y obvio que inclusive a alguien que sabe tanto de dinero como tú le cuesta trabajo verlo. Pero se trata de lo siguiente: digamos que tú sabes que tienes que hacer algo, pero temes sentirte tentado a hacer otra cosa. ¿Cómo puedes estar seguro de que haces lo correcto?

Jim me miró. Yo me encogí de hombros.

—Como ya dije —continuó—, es fácil y obvio. Te quitas la responsabilidad de esa decisión. Arreglas la cosa de forma que lo que debes hacer suceda automáticamente.

—¿Recuerdas lo que te estaba diciendo anteriormente, acerca de cómo empezamos a pagarnos a nosotros mismos primero? —intervino Sue—. Lo que nosotros hicimos fue preparar las cosas de forma que una porción de nuestro salario fuera deducida automáticamente de nuestros cheques y colocada en una cuenta de ahorros. Cuando todo quedó arreglado, ya no tuvimos de qué preocuparnos. No estaba en nuestras manos… literalmente.

—Por supuesto —dije—. Es como los programas sistemáticos de ahorros e inversiones de los que yo hablo en mi clase. Con la diferencia de que ustedes lo aplican a todos los aspectos de sus finanzas.

—¡Exactamente! —exclamó Jim— Si no tienes que pensar en eso, no hay oportunidad de que te olvides de hacerlo, o peor aún, de cambiar de opinión y, a propósito, *no* hacerlo. Una vez que la decisión está fuera de tus manos, no hay forma de que te sientas tentado a hacer lo incorrecto.

"DECIDIMOS CONVERTIRNOS EN MILLONARIOS AUTOMÁTICOS".

Ahora le tocó el turno a Sue nuevamente.

—Nuestros padres lo llamaban "protegerte de ti mismo" –dijo—. No teníamos que preocuparnos de poseer ningún poder especial, porque en realidad no teníamos nada que hacer, excepto decidir al principio que queríamos ser ricos. Con la ayuda de esta gran cosa llamada "deducción salarial" hicimos que todo fuera automático. Creamos un sistema automático y prácticamente infalible para alcanzar la riqueza.

Hicimos que la empresa donde trabaja Jim extrajera dinero de su pago mensual y lo invirtiera en su cuenta de jubilación. Manejamos nuestros pagos hipotecarios acelerados de forma parecida. En cuanto los bancos comenzaron a ofrecer programas de transferencia automática, hicimos que el nuestro sacara nuestro pago hipotecario mensual (y un poquito más) directamente de nuestra cuenta de cheques, sin que nosotros tuviéramos que hacer ni decir nada. También usamos un método de deducciones sistemáticas para invertir automáticamente una porción de nuestros dos sueldos en fondos mutuos. Con el tiempo, hasta hicimos automática nuestra contribución a obras benéficas. Siempre tuvimos la costumbre de dar un poco cada año a obras de caridad, pero a medida que pasaba el tiempo nos dimos cuenta de lo fácil que sería hacer el proceso automático.

—Entiende esto —dijo Jim—, no estamos hablando de cantidades enormes de dinero. Al principio, pedí que dedujeran menos de cincuenta dólares al mes de mi cheque salarial. Pero con el tiempo, se va acumulando una buena cantidad.

Bajé la vista y le eché una ojeada a los estados financieros, con su valor neto de siete dígitos.

—Lo que han hecho ustedes no es broma —dije—. De verdad que esto es asombroso.

Sue McIntyre sacudió la cabeza.

—Ahí es donde te equivocas —dijo tranquilamente—. No es asombroso. Si nosotros podemos hacerlo, cualquiera puede. Decidiéndonos desde que éramos jóvenes a ser ricos y, luego, creando un sistema automático para alcanzar la riqueza, logramos algo que no podía fallar. Es como el eslogan de Nike, pero algo cambiado. Ellos dicen: "Sólo hazlo". Nosotros decimos: "Hazlo… sólo una vez". Cuando se trata de dinero, todo lo que tienes que hacer es automatizar tu sistema, y eso es todo.

Jim asintió.

—Sabes, cuando comenzamos, la tecnología para hacer las cosas automáticamente era nueva y la mayoría de nuestros amigos no confiaban en ella. Pero hoy en día, es fácil hacerlo. Es decir, con todos los programas que existen ahora, se pueden automatizar todas tus transacciones financieras en prácticamente cuestión de minutos. Lucy, nuestra hija, automatizó todas sus cuentas en menos de una hora. Ahora ya está en camino de convertirse en una millonaria automática, igual que nosotros.

—No creas —dijo Sue riéndose— que hay que ser unos chapados a la antigua como nosotros para que esto te sirva. Sé que la recomendación viene de alguien allegado, pero nuestra Lucy es una joven muy a la moda. No usa Timex en la muñeca.

—Ah, sí —sonrió francamente Jim—. Ella tiene uno de esos Swatches. Muy sofisticados y todo eso, pero no absurdamente caros.

—Y ahí está el detalle —dijo Sue—. Puedes ahorrar y, aun así, divertirte y lucir muy bien. No tienes que convertirte en un desastrado para hacerte rico. Sin duda que nosotros no lo éramos. La hemos pasado fantásticamente bien durante los últimos treinta años, tanto como nuestros amigos, si no más, porque nuestras vidas han estado libres de las tensiones que provocan que uno se esté preocupando a diario por el dinero.

Los McIntyre salieron de mi oficina igual que habían entrado, tomados de la mano, mirando optimistas hacia un futuro juntos, con toda la emoción de una pareja de recién casados. Me quedé sentado ante mi escritorio durante largo rato, pensando en lo que me habían dicho, sobre todo en las palabras finales de Jim y Sue.

La clave, dijeron, era "prepararte para el éxito". ¿Por qué hacer algo difícil del proceso de hacerte rico, dijeron, cuando puedes hacerlo fácil? Me di cuenta de que tenían razón. Siempre y cuando sepas qué hacer y puedas hacerlo "automáticamente", cualquiera puede convertirse en un Millonario Automático.

Esa sesión con los McIntyre fue un momento decisivo en mi vida. Me hizo darme cuenta del paso crucial para crear un cambio duradero y positivo en la manera en que manejas tu dinero.

¡HAZLO AUTOMÁTICO!

Como resultado de lo que aprendí ese día con los McIntyre, he automatizado todas mis operaciones financieras. Y, ¿saben una cosa? Funcionó. Hoy día, yo también soy un Millonario Automático.

AHORA TE TOCA A TI

La historia de los McIntyre, y de cómo se hicieron ricos sin disciplina, mediante la acumulación lenta y continua de riqueza, puede convertirse en tu propia historia. Para aprender a hacerlo, dale vuelta a la página y sigue leyendo. Sólo te faltan unas pocas horas para descubrir una nueva manera de pensar y una nueva manera de manejar ese dinero que tanto trabajo te cuesta ganar.

Estás en camino de convertirte en un Millonario Automático.

CAPÍTULO DOS

EL FACTOR CAFÉ LATTE:

Cómo convertirse en un Millonario Automático con sólo unos cuantos dólares al día

"El problema no es lo que ganamos... ¡sino lo que gastamos!"

¿Por dónde comenzamos?

Probablemente no por donde piensas.

La mayoría de la gente cree que el secreto para hacerse rico es descubrir nuevas formas para aumentar lo más pronto posible los ingresos. "Si yo pudiera ganar más dinero", aseguran, "sería rico". ¿Cuántas veces has oído a alguien decir eso? ¿Cuántas veces te lo has dicho a ti mismo? Pues bien, eso, sencillamente, no es cierto. Pregúntale a cualquiera que haya recibido un aumento de sueldo el año pasado si sus ahorros aumentaron. En casi todos los casos, la respuesta será "no". ¿Por qué? Porque la mayoría de las veces **mientras más ganamos, más gastamos.**

Hay muchísimas lecciones que todos podemos aprender de los McIntyre, pero si hay que sacar algo en especial de su historia, es lo siguiente: *Lo que ganas apenas influye en si eres capaz o no de ser rico, y en si llegarás o no a serlo.* Recuerda lo que me dijo Jim McIntyre: él nunca habló de cuánto dinero ganaba en su empleo ni cuánto ganaba con sus inversiones. El truco para prosperar en tus finanzas es, me dijo, vigilar los detalles: tus pequeños hábitos de gastos de los que te convendría desprenderte.

A la mayoría de la gente le cuesta mucho trabajo creer esto. ¿Por qué? Porque les han enseñado todo lo contrario. Vivimos en una sociedad donde se ha vuelto casi patriótico gastar cada centavo de nuestro salario. De hecho, a menudo gastamos nuestros aumentos de sueldo incluso antes de recibirlos. Esto lo saben los comerciantes; cada noviembre y diciembre publican y transmiten anuncios publicitarios diseñados para hacer que la gente gaste sus bonos de fin de año. Hasta el gobierno promueve esta idea. La forma de mejorar la economía, dicen los políticos, es reducir los impuestos—porque si se pone un poquito más de dinero en los bolsillos de las personas, lo más lógico es que salgan a gastárselo.

Por desgracia, esto conlleva un problema. Si vives de cheque a cheque, gastando todo lo que ganas, lo que estás haciendo en efecto es correr una carrera que no podrás ganar.

He aquí cómo luce la carrera:

VE A TRABAJAR… GANA DINERO… GASTA DINERO…
VE A TRABAJAR… GANA DINERO… GASTA DINERO…
VE A TRABAJAR…

Fíjate en cómo siempre se regresa a VE A TRABAJAR. Este es el interminable tráfago en que está la mayoría de la gente. Algunos lo llaman la "carrera de las ratas". Es una carrera inexorable en la que las personas trabajadoras se rompen el lomo, trabajando cuarenta a cincuenta horas a la semana o más, para acabar con muy pocos beneficios, ya que al final del mes su cheque salarial ya está gastado.

Es un círculo vicioso e injusto, y no te conviene caer en él. Si ya caíste, trata de salir… rápidamente. Cuando gastas casi todo lo que ganas (o, peor aún, gastas *más* de lo que ganas), estás atado a una vida llena de estrés, temores, inseguridades, deudas y, peor aún, la bancarrota y la amenaza de un futuro de pobreza.

¿ESTÁS GANANDO MÁS… Y AHORRANDO MENOS?

A través de los años, he visto a personas a las que quiero aumentar sus ganancias, pero casi nunca su libertad. Tengo un amigo que ha trabajado arduamente y ha visto sus ingresos subir de $50.000 al año a más de $500.000. Pero si bien su estilo de vida ha aumentado junto con sus ingresos, no ha sucedido así con sus ahorros. Tiene mejor ropa y mejores autos, come en restaurantes más lujosos, compra en tiendas más caras, sus viajes le cuestan más, pero en realidad no es más rico. De hecho, hoy día está más tenso que hace diez años debido a que ahora tiene que pagar por este costoso estilo de vida —entre ser socio del club campestre, la niñera, las escuelas privadas de sus hijos y la enorme hipoteca— y no puede imaginarse viviendo sin esas cosas. Él está triunfando a un nivel con el que la mayoría de los estadounidenses sólo puede soñar, pero está en realidad atrapado en la misma "carrera de las ratas" de la persona que gana una fracción del salario que él gana.

¿Y cuál es tu situación? Es probable que ganes más que hace diez años. Pero, ¿ahorras más? ¿Vas avanzando o corres más rápidamente para poder seguir en la carrera? ¿Te ayudan tus ingresos a ser más libre o menos libre?

¿POR QUÉ LA MAYORÍA DE LOS ESTADOUNIDENSES TIENEN TAN POCOS AHORROS?

Aparte del valor líquido o *equity* que tienen en sus hogares, la mayoría de los estadounidenses realmente no poseen ahorros que valgan la pena. Como promedio, el dinero que la mayoría de nosotros tiene en el banco nos alcanza sólo para pagar los gastos de tres meses.

¿Por qué tan poco? La respuesta es sencilla. Como los padres de Jim y Sue McIntyre les enseñaron, la mayoría de nosotros malgasta mucho de lo que ganamos en "cosas pequeñas". Puse "cosas pequeñas" entre comillas porque la frase es engañosa. Las llamadas cosas pequeñas en las que gastamos dinero todos los días, en poco tiempo pueden sumar cantidades considerables que transforman nuestras vidas y que, a largo plazo, pueden costarnos nuestra libertad.

DEBO, DEBO, DEBO... Y A TRABAJAR ME VOY

No tiene por qué ser así. La mayoría de nosotros no pensamos realmente en cómo gastamos nuestro dinero, pero, si lo hacemos, casi siempre nos centramos exclusivamente en los artículos caros, mientras que ignoramos los pequeños gastos diarios que agotan nuestro dinero en efectivo. No pensamos en cuántas horas tuvimos que trabajar para ganar el dinero que de manera tan indiferente gastamos en ésta o aquella "cosita". Peor aún, no nos damos cuenta de cuánta riqueza tendríamos si, en vez de malgastar nuestro dinero, invirtiéramos un poco.

Cuando entiendas lo que llamo El Factor Café Latte, vas a cambiar todo eso. Como los McIntyre, vas a hacerte más consciente de cuánto malgastas en las "cositas"... y de cómo volver a encaminar ese dinero malgastado para que te ayude a crear tu fortuna. No importa si lo que ganas te parece poco. Independientemente de cuán grandes o pequeños sean tus ingresos, al hacer uso del Factor Café Latte puedes comenzar a crear una riqueza auténtica y, lo mejor de todo, más libertad.

En resumen, con la ayuda del Factor Café Latte puedes comenzar por fin a hacer lo que hacen los ricos: **puedes poner tu dinero a trabajar para ti, en vez de que tú trabajes para él.**

> **"Un café latte rechazado es una fortuna ganada".**
> —Revista *People*

Durante los últimos años El Factor Café Latte se ha convertido en una metáfora internacionalmente reconocida para indicar cómo nosotros desperdiciamos gota a gota lo que debía ser nuestra fortuna en cosas insignificantes, sin realmente pensar mucho en ello. La idea ha sido presentada en revistas y periódicos, y en programas de televisión y radio de todo el mundo. Puede que hayas leído una discusión sobre ella en un artículo importante de *People,* o en *USA Today, Business Week* o *Family Circle.* He conversado sobre eso con Barbara Walters en *The View,* y he ofrecido una demostración en el programa *Today* de la cadena NBC, y en CNBC y CNN.

Antes de entrar en detalles acerca del Factor Café Latte y el poder que puede tener en tu vida, es esencial que entiendas algo. Para convertirte en un Millonario Automático, tienes que aceptar la idea de que, independientemente de cuán grande sea tu cheque salarial, tú probablemente ya ganas el dinero suficiente como para hacerte rico. Quiero poner un gran énfasis en lo importante que es creer esto... no sólo con tu mente, sino también con tu corazón. Es un momento revelador que verdaderamente puede cambiar tu vida financiera.

¿QUÉ ES EL FACTOR CAFÉ LATTE?

El Factor Café Latte se basa en algo que realmente me sucedió hace unos diez años. Un día, cuando apenas quedaban quince minutos para terminar la última sesión de un curso de inversiones de cuatro semanas que yo estaba impartiendo, una joven llamada Kim levantó la mano y dijo algo que me detuvo en seco.

—David —anunció—, tus ideas son buenas en teoría, pero no tienen nada que ver con la realidad.

De más está decir que no me agradó escuchar esto.

—¿Qué quieres decir? —le pregunté—. ¿Cómo puedes decir eso?

—Muy fácilmente —replicó Kim—. Mira, David, tú presentas la idea de ahorrar dinero como si fuera algo fácil, pero en realidad es imposible. Hablas de ahorrar de cinco a diez dólares al día como si no fuera problema alguno. Bueno, pues para mí eso *es* un problema. Vivo de cheque a cheque. Es decir, que apenas puedo pagar mis gastos mensuales. Entonces, ¿cómo es posible que pueda ahorrar de cinco a diez dólares al día? Eso no es realista.

LO IMPOSIBLE HECHO POSIBLE

Mientras casi todo el mundo en el aula hacía gestos de estar de acuerdo con lo que ella había dicho, dejé a un lado mi plan de clase y decidí dedicar el resto del tiempo que nos quedaba a contestar a la pregunta de Kim.

—Kim —comencé—, ya que obviamente otros en esta clase piensan lo mismo que tú, vamos a examinar lo que has dicho. ¿Me ayudas?

—Claro —dijo Kim.

—Muy bien —respondí. Me volví hacia la pizarra y tomé un pedazo de tiza—. Vamos a revisar tus gastos de un día normal. Ve diciéndome todo lo que haces durante un día.

—Bueno —dijo—, voy al trabajo y entonces contesto a los mensajes del día anterior…

—Detente ahí —interrumpí—. ¿Y qué haces antes de llegar a la oficina? ¿Comienzas tu día con una taza de café?

La mujer que estaba sentada junto a Kim la miró y se rió.

—Si Kim no toma café por la mañana —dijo sacudiendo la cabeza—, no es de confiar.

Kim le dio un codazo a su amiga y luego se volvió hacia mí.

—Sí —dijo—, comienzo mi día con una taza de café.

—Muy bien —respondí—. ¿Tú preparas ese café en la casa, o es el café que dan gratis en la oficina?

Pronto se reveló que Kim por lo general pasaba por Starbucks cada mañana para tomar café. De hecho, ella y su amiga iban juntas. Era el "regalito" especial que las chicas se hacían a ellas mismas.

—Muy bien —dije—. Dime, ¿siempre compras la taza de café normal?

—Bueno, no —respondió Kim—. Siempre pido una taza doble de café latte descremado.

Asentí con expresión pensativa.

—Quiero saber algo. ¿Cuánto es que te cuesta esta taza doble de café latte descremado cada mañana?

—Tres cincuenta —fue la respuesta.

—¿Y eso es todo, Kim? ¿No compras nada para comer con tu café latte? ¿Tal vez una rosquilla?

—En realidad, un panecillo dulce.

—Perfecto. ¿Y cuánto cuesta eso?

—Uno con cincuenta —respondió por su cuenta la amiga de Kim—. ¡Lo sé porque yo también me como uno!

La clase se echó a reír. Mientras la risa se calmaba, un hombre al frente del salón se volvió a ellas y preguntó:

—¿Cómo es posible que un panecillo dulce cueste uno cincuenta?

—Bueno, ésos son bajos en grasas —dijo Kim.

Todo el mundo se echo a reír otra vez. Hasta Kim.

Entretanto, me volví hacia la pizarra y escribí lo siguiente:

Café doble latte descremado	$3,50
Panecillo bajo en grasas	$1,50
Total	$5,00

—Interesante —dije, mirando nuevamente a Kim—. Ni siquiera has llegado al trabajo y ya has gastado cinco dólares. Está bien, continúa.

Kim parecía un poco molesta.

—Mira —dijo—, todos lo hacen. Eso no es nada. Ay, por favor, no fastidies. Con lo duro que trabajo, al menos debo darme el gusto de tomarme una taza de café.

Alcé las manos bromeando en gesto de rendición.

—Eso no tiene importancia, Kim. Continúa, por favor. ¿Qué más haces durante el día?

Kim me miró un momento y luego continuó con su informe.

—Bueno, a las diez de la mañana tomo un descanso, por lo general con unos cuantos amigos, y nos vamos a tomar un jugo.

—¿Ah, sí? ¿Y cuánto cuesta el jugo?

—Bueno, cuesta tres noventa y cinco.

La amiga de Kim volvió a hablar.

—Ajá —exclamó—, pero Kim, casi siempre tú le añades esa cosa para el cerebro. Sabes, ese mejunje extraño que se llama *Kinko.*

—No es un mejunje que se llama *Kinko* —le contestó bruscamente Kim—. Es *Gingko biloba,* y se ha probado que aumenta el suministro de oxígeno al cerebro.

—Está bien —dije—, ahora que sabemos que tienes oxígeno en el cerebro, por curiosidad, ¿cuánto cuesta añadirle *Gingko biloba* a tu jugo?

—El "reforzamiento del jugo" es cincuenta centavos más —dijo Kim, mirando aún con furia a su amiga.

—¿Comes algo con eso? —pregunté.

—Sí. A las diez, ya tengo hambre. Después de todo, lo único que me he comido es ese panecillo dulce.

—Entonces, ¿qué comes?

—Pido una barrita dulce de proteínas PowerBar que me cuesta uno setenta y cinco. —Kim se cruzó de brazos y me miró, como retándome a hacer un comentario—. ¿Está bien?

Asentí y me volví hacia la pizarra.

Café doble latte descremado	$3,50
Panecillo bajo en grasas	$1,50
Jugo	$3,95
Reforzamiento del jugo	$0,50
Powerbar	$1,75
Total	$11,20

—Así que, Kim —dije—, aún no hemos llegado siquiera al almuerzo y ya tú has gastado más de diez dólares. Y, en honor a la verdad, ¡realmente no has comido nada todavía!

Ahora toda la clase se puso a reír con ganas. Hasta Kim y su amiga.

Esperé que las risas se calmaran y entonces dije:

—Fuera de broma, Kim, no tenemos que revisar el resto de tu día frente a la clase. Eso lo puedes hacer tú después. La cuestión no es burlarse de la forma en que gastas tu dinero. La única razón por la que todos se rieron es que todos sabemos que nosotros también manejamos el dinero tan mal como tú. Tal vez no nos guste admitirlo, pero a diario todos gastamos pequeñas cantidades de dinero y nunca pensamos en el total que suman esas cantidades. Pero déjame mostrarte algo que creo que te va a asombrar.

Saqué mi calculadora.

—Digamos, sólo por el placer de discutir, que hoy, hoy mismo, comenzaste a ahorrar dinero. No quiero decir que eliminaste todos tus gastos, sino que sólo los redujiste un poco. Digamos que te diste cuenta de que puedes ahorrarte cinco dólares al día. ¿Hacemos la prueba? ¿Sólo cinco dólares al día?

Kim asintió.

—A ver, tú tienes ahora… ¿cuántos años?

—Veintitrés —dijo Kim.

—Bien, digamos que pones cinco dólares al día en un plan de jubilación. —Marqué algunas cifras en la calculadora—. Eso es igual a $150 al mes, o casi $2.000 al año. Calculando una ganancia anual del 10 por ciento, que ha sido el promedio del mercado de acciones durante los últimos cincuenta años, ¿cuánto crees que podrías haber ahorrado para cuando tengas sesenta y cinco?

Kim se encogió de hombros.

—No sé —dijo—. ¿Quizás cien mil?

Negué sacudiendo la cabeza. Kim comenzó a adivinar.

—¿Doscientos mil?

—Trata de nuevo —dije.

—¿Quinientos mil?

—¿Qué te parece casi $1,2 millones?

Kim me clavó una mirada de asombro.

—Y ése es realmente un estimado por lo bajo —dije—. Según creo, tú trabajas para una compañía que ofrece una cantidad igual a las contribuciones de los empleados a un plan 401(k). Es así, ¿verdad?

Kim asintió.

—Pues bien, si tu compañía ofreciera sólo el 50 por ciento de lo que tú contribuyes, ahorrarías casi $3.000 al año. Y para cuando cumplas sesenta y cinco años eso ascenderá a —marqué unas cuantas cifras más en mi calculadora— ¡aproximadamente $1.742.467!

En este momento, pude ver cómo se encendía el imaginario bombillo de luz encima de la cabeza de Kim.

—David —dijo por fin—, ¡¿quieres decirme que MIS CAFÉS LATTE DESCREMADOS ME ESTÁN COSTANDO CASI DOS MILLONES DE DÓLARES?!

Al unísono, prácticamente toda la clase (incluída la amiga de Kim) la miró y le gritó:

—¡SÍ!

Y así fue como nació El Factor Café Latte.

¿Y QUÉ PASA SI YO NO TOMO CAFÉ?

No había acabado de calmarse la algarabía cuando un hombre de la última fila levantó la mano y dijo:

—Pero, David, yo no bebo café. Y jamás malgastaría la cantidad de dinero que ella se gasta en el café latte. Eso es ridículo.

Asentí. Su reacción era razonable, pero no daba en el clavo.

—Señores —les dije a él y a la clase—, aquí no estamos hablando sólo de cafés latte. No estoy poniendo a Starbucks en entredicho. De hecho, de vez en cuando yo también voy allí. Estamos hablando de cómo no nos damos cuenta de lo mucho que gastamos en las cosas pequeñas, y cómo, si pensamos en eso y cambiamos ligeramente nuestras costumbres, podemos cambiar nuestro destino.

Otra persona tenía una pregunta:

—Pero, ¿qué pasa si las inversiones de uno no ganan el 10 por ciento al año, como tú calculaste en el caso de Kim?

—Por eso, no hay problema —dije—. Digamos que tienes una ganancia anual de sólo el 6 por ciento. Aun así, al final tendrías cientos de miles de dólares en ahorros. —Saqué unas cuentas más en mi calculadora—. En el caso de Kim, el total sería $559.523. Lo que importa en esto es que ahorrar pequeñas cantidades de dinero puede hacerte rico. Y mientras más pronto comiences, mejor.

Ya la clase debía haber terminado hacía mucho tiempo. Pero la gente permanecía allí para hablar. Parecía que de todo lo que yo había enseñado durante las cuatro semanas anteriores, lo que en verdad tuvo un impacto fue cuánto dinero realmente le costaba a Kim su café latte de por la mañana. Mientras mis alumnos caminaban hacia sus autos, conversando sobre cuáles serían sus Factores Café Latte personales, se me ocurrió que El Factor Café Latte era algo que yo debería explicar de nuevo.

Cuando me preparé para mi nueva clase la semana siguiente,

inventé un medio visual para ilustrar el poder del Factor Café Latte. Lo he estado usando desde entonces. Miren cómo es.

UN CAFÉ LATTE AL DÍA ALEJA EL RETIRO		
Un café latte al día	=	$3,50
Un café latte al día durante un mes	=	$105,00
Un café latte al día durante un año	=	$1.260,00
Un café latte al día durante una década	=	$12.600,00

¿En qué más malgasta el dinero la gente?

¿Y los cigarrillos? Estas pequeñas cosas no sólo son un peligro para la salud: también son un peligro financiero. En la ciudad de Nueva York, donde yo vivo, se pagan impuestos tan altos por los cigarrillos que una cajetilla hoy en día cuesta más de siete dólares. A pesar de eso, cientos de miles de personas —sobre todo, hombres jóvenes— los compran a diario.

UNA CAJETILLA DE CIGARRILLOS AL DÍA... ES PEOR AÚN		
Una cajetilla al día	=	$7
Una cajetilla al día durante un mes	=	$210
Una cajetilla al día durante un año	=	$2.520
Una cajetilla al día durante una década	=	$25.200

Podría seguir la lista, pero esto0s dos ejemplos serán suficientes. Y, repito, no trato de desacreditar al café ni a los cigarrillos. Sólo les muestro las cifras. Es cuestión de matemáticas. Y son matemáticas básicas (gracias a Dios, porque no soy un genio matemático, y tú tampoco tienes que serlo).

La cuestión es que no importa en qué cosa malgastemos nuestro dinero, ya sea en café caro, agua embotellada (ésta es como para reírse), cigarrillos, refrescos, barras de dulce, comida rápida o lo que sea que nos guste... todos tenemos nuestro Factor Café Latte. Todos botamos demasiado de ese dinero que tanto nos ha costado ganar pagando por "pequeños" gastos innecesarios, sin darnos cuenta de lo que suman. Mientras más pronto calcules tu Factor Café Latte —es decir, cuando identifiques esos gastos innecesarios—, más pronto podrás comenzar a eliminarlos. Y mientras más pronto lo hagas, más dinero adicional tendrás para ahorrar. Y mientras más dinero adicional puedas ahorrar, más grande será la fortuna que acumularás.

Piensa en esto:

USA EL PODER DEL FACTOR CAFÉ LATTE

$5 (costo promedio de un café latte descremado y un panecillo dulce) x 7 días igual a $35 a la semana = aproximadamente $150 al mes. Si invertiste $150 al mes y obtuviste un rendimiento anual del 10%, terminarías con

1 año	=	$1.885
2 años	=	$3.967
5 años	=	$11.616
10 años	=	$30.727
15 años	=	$62.171
30 años	=	$339.073
40 años	=	$948.611

Interesante, ¿no es cierto? Ahora, ¿qué pasaría si aumentaras esto un poco más y dijeras: "Sabes, te apuesto que malgasto diez

dólares al día en cosas que realmente no necesito comprar"?
¿Cómo resultaría eso?

Si invertiste $10 al día (o $300 al mes) y obtuviste un rendimiento anual del 10%, terminarías con		
1 año	=	$3.770
2 años	=	$7.934
5 años	=	$23.231
10 años	=	$61.453
15 años	=	$124.341
30 años	=	$678.146
40 años	=	$1.897.224

Vamos a probar una vez más. ¿Qué pasaría si estuvieras comprometido en una relación, casado o viviendo con otra persona, y los dos miraran esto y dijeran: "Bueno, vamos a hacerlo. *Cada uno* va a ahorrar diez dólares al día" ¿Qué ocurriría?

Si invirtieron $20 al día (o $600 al mes) y obtuvieron un rendimiento anual del 10%, terminarían con		
1 año	=	$7.539
2 años	=	$15.868
5 años	=	$46.462
10 años	=	$122.907
15 años	=	$248.682
30 años	=	$1.356.293
40 años	=	$3.794.448

Ahora, piensa bien en estas cifras. Míralas detenidamente y considéralas. ¿Es posible que pudieras encontrar de cinco a diez dólares que pudieras eliminar de tus gastos diarios?

Creo que verás que la respuesta es "sí". Ten en cuenta que hablamos aquí sólo de ahorrar al día el pago de menos de una hora de trabajo. Si vas a trabajar aproximadamente 90.000 horas durante el transcurso de tu vida (que es lo que hace la persona promedio), ¿no deberías trabajar una hora al día para ti mismo? Al menos, vale la pena pensar en eso.

AQUÍ NO HAY TRUCOS

Para hacerse rico, no hace falta más que comprometerse con un plan sistemático de ahorros e inversiones y atenerse a él. Si no eres muy disciplinado, no te preocupes. En el transcurso de los siguientes capítulos, vas a aprender cómo hacer "automático" tu plan, igual que lo hicieron los McIntyre. Por ahora, quiero que te concentres en el hecho de que no necesitas tener mucho dinero, ni tampoco ganar mucho. Tan sólo tienes que tomar la decisión de que te mereces ser rico. Sólo tienes que decirte a ti mismo: "¿Sabes qué? Yo debo disponer de una independencia financiera. Otras personas lo hacen. ¿Por qué yo no? ¿Por qué yo no?"

SÍ, PERO... SÍ, PERO... SÍ, PERO...

Aquí es donde comienzan los "sí, pero". ¿Qué es un "sí, pero"? Es lo que la gente hace constantemente para justificar las situaciones en que están sus vidas. Y lo más cómico (y triste) de quienes dicen "sí, pero" es que a menudo hacen su mayor esfuerzo para mejorar su situación... sólo para repetir el "sí, pero" cuando han encontrado la solución.

¿Cómo sabes si eres uno de esos que dicen "sí, pero"? Tal vez lo eres si en este momento te estás hablando a ti mismo y diciendo cosas como:

Sí, pero... nunca voy a poder lograr un rendimiento del 10 por ciento sobre mi dinero.

Te equivocas. Más adelante te diré cómo hacer esto con el tiempo. Sigue leyendo.

Sí, pero... con la inflación y todo eso, $1 millón no valdrá mucho en treinta años.

Te equivocas. Valdrá más de lo que crees. Y sin duda que mucho más que nada... que es lo que tú tendrás si no comienzas a ahorrar dinero ahora.

Sí, pero... realmente no existe una manera de ahorrar pequeñas cantidades de dinero e invertirlas. Se necesita muchísimo más dinero que eso para poder invertir.

Te equivocas. Hoy en día puedes establecer planes de inversión automáticos con tan poco como un dólar al día. Sigue leyendo.

Sí, pero... yo sé por seguro que no malgasto ni un centavo, pero no hay forma de que pueda ahorrar la cantidad de dinero de la que estás hablando.

Ay, por favor. Date un golpe (no muy fuerte) en la cabeza y sigue leyendo. Sencillamente, lo que dices no es cierto.

QUISIERA HABER VISTO
ESTO ANTERIORMENTE

He aquí una última tabla que debes mirar, y entonces vamos a empezar a averiguar cómo puedes hacer que El Factor Café Latte trabaje para ti. Esta tabla es uno de los elementos motivadores de ahorro más poderosos que he visto jamás. Efectivamente, me hubiera gustado que alguien me la enseñara cuando yo estaba en el bachillerato. Si eres mayor, por favor compártela con una persona joven a quien le tengas cariño. Puede que cambies su vida para siempre.

Lo que esta tabla muestra es el poder de depositar $3.000 al año en una cuenta de jubilación, y luego dejar que el interés compuesto ponga en acción su magia. En el próximo capítulo te explicaré sobre las cuentas de jubilación. Por ahora, mira sólo las cifras, específicamente cuán relativamente poco dinero tienes que depositar, comparado con cuánto acabarás acumulando al final. Cuando muestro esta tabla en mis seminarios de Finish Rich, a menudo la gente se queda boquiabierta y exclama:

—Si yo hubiera sabido esto antes.

Bueno, ¡pues ahora lo sabes! El milagro del interés compuesto es el instrumento poderoso del Millonario Automático para crear riqueza.

ENCUENTRA TU FACTOR CAFÉ LATTE

Puedes pensar en tu Factor Café Latte y tratar de adivinarlo, o puedes catalogar tus gastos reales y averiguarlo con seguridad.

54 | El Millonario Automático

EL VALOR EN TIEMPO DEL DINERO—Invierte ahora y no después

Si Billy invierte a los 15 años (rendimiento anual del 10%)			Si Susan invierte a los 19 años (rendimiento anual del 10%)			Si Kim invierte a los 27 años (rendimiento anual del 10%)		
Edad	Inversión $3.000/año	Valor	Edad	Inversión $3.000/año	Valor	Edad	Inversión $3.000/año	Valor
15	$3.000	$3.300,00	15			15		
16	$3.000	$6.930,00	16			16		
17	$3.000	$10.923,00	17			17		
18	$3.000	$15.315,30	18			18		
19	$3.000	$20.146,83	19	$3.000	$3.300,00	19		
20		$22.161,51	20	$3.000	$6.930,00	20		
21		$24.377,66	21	$3.000	$10.923,00	21		
22		$26.815,43	22	$3.000	$15.315,30	22		
23		$29.496,97	23	$3.000	$20.146,83	23		
24		$32.446,67	24	$3.000	$25.461,51	24		
25		$35.691,34	25	$3.000	$31.307,66	25		
26		$39.260,47	26	$3.000	$37.738,43	26		
27		$43.186,52	27		$41.512,27	27	$3.000	$3.300,00
28		$47.505,17	28		$45.663,50	28	$3.000	$6.930,00
29		$52.255,69	29		$50.229,85	29	$3.000	$10.923,00
30		$57.481,26	30		$55.252,84	30	$3.000	$15.315,30
31		$63.229,38	31		$60.778,12	31	$3.000	$20.146,83
32		$69.552,32	32		$66.855,93	32	$3.000	$25.461,51
33		$76.507,55	33		$73.541,53	33	$3.000	$31.307,66
34		$84.158,31	34		$80.895,68	34	$3.000	$37.738,43
35		$92.574,14	35		$88.985,25	35	$3.000	$44.812,27
36		$101.831,55	36		$97.883,77	36	$3.000	$52.593,50
37		$112.014,71	37		$107.672,15	37	$3.000	$61.152,85
38		$123.216,18	38		$118.439,36	38	$3.000	$70.568,14
39		$135.537,80	39		$130.283,30	39	$3.000	$80.924,95
40		$149.091,58	40		$143.311,63	40	$3.000	$92.317,45
41		$164.000,74	41		$157.642,79	41	$3.000	$104.849,19
42		$180.400,81	42		$173.407,07	42	$3.000	$118.634,11
43		$198.440,89	43		$190.747,78	43	$3.000	$133.797,52
44		$218.284,98	44		$209.822,55	44	$3.000	$150.477,27
45		$240.113,48	45		$230.804,81	45	$3.000	$168.825,00
46		$264.124,82	46		$253.885,29	46	$3.000	$189.007,50
47		$290.537,31	47		$279.273,82	47	$3.000	$211.208,25
48		$319.591,04	48		$307.201,20	48	$3.000	$235.629,07
49		$351.550,14	49		$337.921,32	49	$3.000	$262.491,98
50		$386.705,16	50		$371.713,45	50	$3.000	$292.041,18
51		$425.375,67	51		$408.884,80	51	$3.000	$324.545,30
52		$467.913,24	52		$449.773,28	52	$3.000	$360.299,83
53		$514.704,56	53		$494.750,61	53	$3.000	$399.629,81
54		$566.175,02	54		$544.225,67	54	$3.000	$442.892,79
55		$622.792,52	55		$598.648,24	55	$3.000	$490.482,07
56		$685.071,77	56		$658.513,06	56	$3.000	$542.830,27
57		$753.578,95	57		$724.364,36	57	$3.000	$600.413,30
58		$828.936,84	58		$796.800,80	58	$3.000	$663.754,63
59		$911.830,53	59		$876.480,88	59	$3.000	$733.430,10
60		$1.003.013,58	60		$964.128,97	60	$3.000	$810.073,11
61		$1.103.314,94	61		$1.060.541,87	61	$3.000	$894.380,42
62		$1.213.646,43	62		$1.166.596,05	62	$3.000	$987.118,46
63		$1.335.011,08	63		$1.283.255,66	63	$3.000	$1.089.130,30
64		$1.468.512,18	64		$1.411.581,22	64	$3.000	$1.201.343,33
65		**$1.615.363,40**	**65**		**$1.552.739,35**	**65**	**$3K**	**$1.324.777,67**

Total invertido = $15.000
Ganancias de Billy descontando la inversión = $1.600.363,40

Total invertido = $24.000
Ganancias de Susan descontando la inversión = $1.528.739,35

Total invertido = $117.000
Ganancias de Kim descontando la inversión = $1.207.777,67

Los rendimientos de todos los productos de inversión fluctuarán. El rendimiento de la inversión y el valor del capital principal fluctuarán y el valor de tu inversión puede ser más que la cantidad invertida originalmente.

Billy invirtió $102.000 menos que Kim ¡y tiene $290.585,73 más!

¡COMIENZA A INVERTIR TEMPRANO!

Cualquiera de las dos formas funciona. Probablemente saberlo con seguridad es mejor.

Para saber con seguridad cuál es tu Factor Café Latte, usa el formulario desafío del Factor Café Latte que viene en la próxima página para listar tus gastos durante un día. Lleva este libro contigo dondequiera que vayas mañana y anota cada centavo que gastes a lo largo de todo el día.

Tal vez esto no te parezca una gran actividad en estos momentos, pero, como les he enseñado este concepto a mis estudiantes, lectores y clientes durante años, te aseguro que cuando lo pongas en acción, este sencillo ejercicio puede cambiar tu vida. Es verdaderamente asombroso ver en blanco y negro cuánto gastas —y en qué— a lo largo de un solo día. Tiene un efecto muy especial verlo escrito con números fríos y precisos que pueden servirte de motivación para hacer cambios en la forma en que gastas, cambios que, de otra manera, nunca harás.

Como un beneficio adicional, quizás te parezca divertido aceptar este pequeño desafío. Tal vez a lo largo del día la gente te preguntará qué haces. Tu respuesta ("Estoy siguiéndole la pista a mi Factor Café Latte") podría dar pie a una conversación que, a su vez, te lleve a ayudar a que otra persona se convierta en un Millonario Automático. ¡Eso sería fantástico! Después de todo, es más divertido ser rico junto a tus amigos que ser rico solo.

EL DESAFÍO DEL FACTOR CAFÉ LATTE

DÍA _____ FECHA _____

	Artículo: Lo que compré	Costo: Lo que gasté	¿Dinero malgastado? (✓ para "sí")
1			
2			
3			
4			
5			
6			
7			
8			
9			
10			
11			
12			
13			
14			
15			

Mi total del Factor Café Latte: (Costo total de los artículos marcados)

= [＿＿＿＿＿＿＿＿＿]

MATEMÁTICA DEL FACTOR CAFÉ LATTE

Mi Factor Café Latte por un día = _____

Mi Factor Café Latte por un mes = _____ (Factor Café Latte x 30)

Mi Factor Café Latte por un año = _____ (Factor Café Latte x 365)

Mi Factor Café Latte por una década = _____ (Factor Café Latte x 3.650)

SI INVIERTO MI FACTOR CAFÉ LATTE POR:

10 años, valdrá = _____

20 años, valdrá = _____

30 años, valdrá = _____

40 años, valdrá = _____

CALCULA TU FACTOR CAFÉ LATTE

Para calcular las cifras anteriores, ve a www.finishrich.com. Marca "calculators" y luego marca "Apply the Latte Factor".

RESPUESTAS A ALGUNAS
PREGUNTAS FRECUENTES

Antes de continuar, déjame contestar algunas de las preguntas más frecuentes acerca del desafío del Factor Café Latte que me han hecho a lo largo de los años.

Una de las preguntas más populares es (y juro que esto es cierto): *David, ¿debo incluir cosas que pago con dinero en efectivo cuando hago la lista de mis gastos?*

La respuesta es "sí".

¿Y las que se pagan con tarjetas de crédito y cheques? ¡Sí!

¿Y los pagos de peaje de puentes? SÍ, SÍ, SÍ.

Se anota todo lo que gastas. Y todo significa todo.

"VAMOS, POR FAVOR... ESO ES
UNA TONTERÍA".

Hace unos años, describí una versión de siete días del desafío del Factor Café Latte en un programa de radio nacional, y el presentador me dijo que aquélla era la idea más tonta que jamás había oído. Sus palabras exactas fueron:

—Vamos, por favor… eso es una tontería.

Teniendo en cuenta que se trataba de un programa de radio muy popular con un enorme público, me sentí un poco molesto por el comentario humillante del presentador.

—No, por favor tú… —le dije—. ¿Qué tiene eso de estúpido?

Llegó hasta a hablarme en forma burlonamente despectiva.

—Ay, David —dijo—, suena gracioso y todo eso, pero bájate de esa nube. ¿Listar los gastos durante siete días? ¿Pensar en El Factor Café Latte? Por favor, no fastidies. Mi público necesita ideas reales, concretas. No truquitos estúpidos.

Yo ya estaba que si me pinchaban, explotaba. Le dije:

—¿Quieres algo real? Bueno, pues oye esto: ¿qué te parece si tú mismo pruebas esta idea tonta mía? Llevas la cuenta de tus gastos durante siete días, y luego me llamas al cabo de una semana, al aire, y me dices si sigues pensando que es una idea estúpida. Si lo haces en serio, te apuesto cien dólares a que te cambia la vida.

El presentador me miró y se rió abiertamente.

—De acuerdo —dijo.

Resulta que no me llamó al cabo de la semana. Así que lo llamé yo. Se sorprendió un poco al oírme, pero no se había olvidado de quién era yo, ni de la apuesta que había hecho. Avergonzado, me dijo que había llevado a cabo mi desafío del Factor Café Latte. Me dijo que se había sentido muy mal. Mira, esta personalidad de la radio conocida en todo el país, quien lo sabía todo y quería ideas concretas sobre inversiones para sus oyentes, me dijo que, como resultado de haber seguido el rastro de sus gastos durante una semana, había descubierto que estaba gastando cincuenta dólares al día *sólo en comer fuera de su casa.* (Para aquellos de ustedes a quienes esto les parece difícil de

creer, tengan en cuenta que él vivía en Manhattan y que realmente es bastante fácil gastar tanto como eso en la ciudad de
Nueva York.)

Pero lo que realmente lo pasmó fue la matemática del
asunto. Después de darse cuenta de que, sin exagerar, se gastaba
más de $350 a la semana en facturas de restaurantes, comenzó
a sacar algunas cuentas básicas.

—¿Sabes lo que esto significa? —me dijo—. Significa que estoy gastando $1.400 al mes al comer fuera. En un año, eso es
más de $16.800 en comidas en la calle. ¿Te das cuenta de que
tengo menos de $20.000 ahorrados? Tengo cuarentitantos años
y no he depositado ni un centavo en mi plan 401(k) en casi diez
años, ya que pienso que no tengo dinero para eso. He estado ganando más de $100.000 al año durante una década y no tengo
nada acumulado.

Luego me contó que, gracias a lo que había aprendido al
aceptar el desafío, había acabado de arreglar las cosas para comenzar nuevamente a hacer depósitos en su plan 401(k). El
Factor Café Latte le había llegado al corazón.

Mi graciosa ideíta había funcionado.

Pero no sé por que, a pesar de eso, nunca me volvió a llevar
a su programa.

¿SERÁ POSIBLE QUE NO SEA ALGO TAN TONTO?

Espero que a estas alturas ya estés entusiasmado. Ahora vamos
a ver qué puedes hacer tú cuando descubras tu Factor Café

Latte y agarres el control de tus gastos. Tu futuro está a punto de cambiar para siempre.

TOMA ACCIÓN

Ante todo, déjame felicitarte por haber llegado hasta aquí en tu lectura. Ya has leído más páginas de este librito sobre dinero que la mayoría de la gente lee en toda su vida. Bien hecho.

De aquí en adelante, cada capítulo terminará con una serie de **pasos para tomar acción del Millonario Automático**. Estos pasos son un resumen de lo que acabas de leer y te motivarán a tomar acción inmediata y decisiva. Recuerda que la inspiración que no se approvecha, sólo es entretenimiento. Para obtener nuevos resultados, necesitas tomar nuevas acciones. Para convertirte en un Millonario Automático, tienes que poner en acción lo que has aprendido. La única forma de obtener el futuro financiero que deseas es ¡crearlo ahora!

PASOS PARA TOMAR ACCIÓN DEL MILLONARIO AUTOMÁTICO

Luego de revisar las acciones que explicamos en este capítulo, he aquí lo que debes hacer en este instante para convertirte en un Millonario Automático. Haz una marca junto a cada paso a medida que lo lleves a cabo.

❑ Reconoce que lo que importa no es cuánto ganas, sino lo que gastas.

❑ Toma el desafío del Factor Café Latte. Durante un solo día lleva este libro dondequiera que vayas y usa el formulario de la página 56 para llevar la cuenta de todo lo que gastas.

❑ Decide en este mismo momento que tú puedes vivir con un poco menos de dinero y comienza a ahorrar hoy mismo.

❑ Estudia las tablas de las páginas 49 y 50, o usa la calculadora del Factor Café Latte (*The Latte Factor Calculator*) que está en www.finishrich.com para saber, en cuestión de segundos, cómo ahorrar unos cuantos dólares al día puede cambiar tu vida. (La calculadora es gratis y se encuentra en el *resource center*.)

CAPÍTULO TRES

APRENDE A PAGARTE A TI MISMO PRIMERO

Buenas noticias. Si El Factor Café Latte te abrió la puerta a la posibilidad de que ya ganas suficiente dinero como para comenzar a crear una verdadera riqueza, este capítulo realmente te pondrá en acción para hacerlo. ¿Por qué? Pues porque lo que vamos a hacer ahora es, de una vez por todas, librarnos de esa cosa desesperante que se llama presupuesto.

Sé lo que estás pensando.

¿Pero no es el objetivo del Factor Café Latte llevar la cuenta de mis gastos para poder decidir dónde reducirlos? ¿Y no quiere decir eso que hay que tener un presupuesto?

Nada de eso. La esencia del Factor Café Latte no es convencerte de que te limites a un presupuesto. Es hacer que te des cuenta de que tú ganas ya lo suficiente para comenzar a ahorrar e invertir. Mejor aún, que ya ganas lo suficiente para ser rico.

ES HORA DE TIRAR EL PRESUPUESTO

Ahora que te das cuenta de que casi todo el mundo gana lo suficiente para convertirse en un Millonario Automático (¿te estás dando cuenta, verdad?), es hora de hablar del siguiente gran concepto erróneo que impide a la gente lograr riqueza verdadera: la creencia de que la solución a este problema es limitarse a un presupuesto.

¿Por qué tantos de nosotros pensamos que necesitamos un presupuesto? Porque eso es lo que nos dicen los demás. Probablemente alguien te dijo: "Ponte un presupuesto y no tendrás problemas". Pero, ¿quién te dijo esto? ¿Tus padres? ¿Un profesor? ¿Tu cónyuge? ¿Un experto financiero? Estoy seguro de que quienes te dieron este consejo lo hicieron con su mejor intención. Pero, ¿eran ricos? ¿Eran felices y divertidos? ¿Tenían ellos mismos un presupuesto que les daba buenos resultados?

Lo dudo.

MUY POCOS DE NOSOTROS
NACIMOS PARA TENER UN PRESUPUESTO

Lo cierto es que muy pocos de nosotros nacimos para tener un presupuesto. Y, la verdad sea dicha, si somos "presupuestistas de nacimiento", ¡tarde o temprano nos enamoramos de alguien que nació para comprar! Y ahí es donde nuestro presupuesto se va a la deriva. Y ahí fue donde se acabó el Sr. Presupuesto.

Si esto describe tu situación, no te preocupes. Es absolutamente normal. Casi todas las parejas que he conocido son así. Por desgracia, si te gustan los presupuestos y estás casado o casada con alguien a quien le gusta comprar, no importa cuánto se quieran, van a discutir acerca del dinero. Los McIntyre discutieron acerca de su presupuesto, y también lo hicimos mi esposa, Michelle, y yo al principio de nuestro matrimonio. (Si quieres oír una cómica historia acerca de la primera discusión que tuvimos mi esposa y yo sobre dinero —fue el día que regresamos de nuestra luna de miel—, visita mi sitio web en www.finishrich.com, donde puedes leer gratis el primer capítulo de *Smart Couples Finish Rich*.)

Entonces, ¿cuál es la enseñanza de esto? Es ésta...

EXISTE UNA MEJOR MANERA DE HACERSE RICO QUE PONERSE UN PRESUPUESTO

Hay una razón muy sencilla por la que los presupuestos no funcionan en el mundo real.

No son divertidos.

Y como no son divertidos, son muy difíciles de cumplir. Piensa en eso. En el fondo, el presupuesto consiste en privarte económicamente en el presente en favor de tu bienestar futuro. Sin duda que éste es un concepto responsable, pero, como estrategia, va en contra de la naturaleza humana. Peor aún, va en contra de los 3.000 mensajes de venta que nos bombardean a diario, instándonos a gastar cada centavo que ganamos.

A toda hora oigo a supuestos expertos que dicen cosas como: "Tienes que crear un presupuesto realista para las actividades de entretenimiento, las cenas fuera de casa, la ropa, la vivienda, los viajes, la comida...", y así sucesivamente. Eso es, sencillamente, una tontería. Es lo mismo que decirle a la gente que la manera de bajar de peso es llevar la cuenta de cada bocado que tragan y contar las calorías.

¿Cuántas personas conoces que se pusieron a dieta, se obsesionaron con el conteo de calorías y con llevar la cuenta de cuántos gramos de grasa había en todo lo que se comían (y también en todo lo que *tú* te comías), y ahora parecen estar aún más gordas que antes? La realidad es que este tipo de dietas por lo general no funciona. ¿Por qué? Pues porque la mayoría de las personas se enferman contando calorías. Se enferman de privación.

Lo mismo sucede con quienes están a dieta financiera. Durante un tiempo, llevan la cuenta de todo centavo que gastan. Pero un buen día se hartan y salen a comprar como unos desesperados. No hay forma de evitarlo. Cualquier sistema que esté diseñado para controlar tus impulsos humanos normales está destinado a fracasar.

Y eso se debe a que los seres humanos no quieren que se les controle. **Quieren tener *ellos* el control.**

Hay una enorme diferencia. Créeme cuando te digo que, en lo que respecta al dinero, tú debes tener el control. No debes permitir nunca que él te controle a ti. Así que toma esos presupuestos con los que has estado batallando y tíralos a la basura. Si realmente quieres tener un presupuesto para tus gastos, allá tú, pero yo creo que es una pérdida de tiempo y esfuerzo. Lo que voy a enseñarte ahora es, por el contrario, un sistema que te permite dejar de preocuparte acerca del presupuesto de una vez por todas. Es el sistema que los McIntyre y la mitad de los Millonarios Automáticos que conozco han usado para hacerse ricos casi sin esfuerzo.

La pregunta que te hago es: ¿estás listo para un método sencillo?

SÓLO CON HACER ESTO, SERÁS RICO

Esta es la pura verdad. Sin exagerar. Sin bombo y platillos. Si quieres ser rico, todo lo que tienes que hacer es tomar la decisión de hacer algo que la mayor parte de la gente no hace. Y eso es PAGARTE A TI MISMO PRIMERO.

Lo que hace la mayoría de la gente cuando gana un dólar es pagarles primero a todos los demás. Le pagan al casero, a la compañía de tarjetas de crédito, a la compañía de teléfonos, al gobierno, y así sucesivamente. Creen que necesitan un presupuesto porque creen que eso los ayudará a averiguar cuánto pagarles a todos los demás, de modo que al final del día —o del año, o de toda su vida laboral— tendrán algo "sobrante" para pagarse a ellos mismos.

Esto, mi amigo o amiga, es absoluta y positivamente negativo desde el punto de vista financiero. Y como este sistema no funciona, los estadounidenses terminan intentando algunas estrategias bastante extrañas para hacerse ricos.

Cuando vas al fondo del asunto, hay básicamente seis caminos hacia la riqueza en los Estados Unidos. Puedes

- ganarlo como premio
- casarte con una persona rica
- heredarlo
- obtenerlo a través de una demanda legal
- presupuestarlo

O

• Pagarte a Ti Mismo Primero

Vamos a examinar rápidamente cada uno de estos métodos.

Ganarlo como premio: ¿Puedes adivinar la manera principal como las personas promedio y trabajadoras tratan de hacerse ricas en los Estados Unidos? Juegan a la lotería. Desde 1964, cuando se inauguró la Lotería Estatal de New Hampshire (después se le unieron otros treinta y siete estados, el Distrito de Columbia, Puerto Rico y la Islas Vírgenes de EE.UU.), los estadounidenses han tirado a la basura más de $500.000 millones en billetes de la lotería. ¿Puedes imaginarte si estos mismo dólares se hubieran invertido en cuentas de jubilación? Déjame ahora preguntarte otra cosa. ¿Has ganado alguna vez la lotería? ¿Sabes de alguien que se la haya ganado? ¿Compartió esa persona contigo algunas de sus ganancias? Exactamente. Así que deja pasar este método.

Casarte con una persona rica: ¿Cómo te ha ido con esto hasta ahora? Hay un dicho que asegura que es tan fácil casarse con una persona rica como con una pobre. ¿De verdad? Lo cierto es que la gente que se casa por dinero por lo general acaba pagándolo por el resto de su vida. Así que vamos a olvidarnos de esto… a menos que, por supuesto, te enamores realmente de una persona que, da la casualidad, tiene dinero.

Heredarlo: Obviamente esto no vale la pena ni pensarlo, a no ser que tus padres sean ricos. Y aun si lo fueran, ¿no hay algo un poco enfermizo en eso de visitarlos durante los días de reuniones familiares, preguntarles cómo se sienten, y luego pensar "qué desgracia" cuando te dicen, "me siento divinamente bien"?

Obtenerlo a través de una demanda legal: Éste es un camino muy popular en nuestra época. Más de tres cuartos de los abogados de todo el mundo practican en los Estados Unidos, y más del 94 por ciento de las demandas legales del planeta se presentan aquí. Parece que algunas personas sienten que, en lugar de ganar dinero mediante el trabajo, ahorrar e invertir, una estrategia mejor es encontrar un buen problema, presentar una demanda y sacarle el dinero al demandado. De todos modos, éste no es un sistema con el que puede contarse para crear riqueza.

Presupuestarlo: Puedes economizar al máximo, llevar el almuerzo de la casa al trabajo, recortar cupones de ahorro, llevar la cuenta de cada centavo que te gastas, no divertirte jamás y dejar de vivir durante treinta años con la optimista esperanza de que algún día podrás jubilarte y comenzar una vida mejor. ¡Uuuy! Eso suena horroroso. No me extraña que este método nunca funcione.

Esto nos deja con la forma probada, *fácil* de hacerse rico. Y es...

PAGARTE A TI MISMO PRIMERO

Probablemente ya has escuchado antes esta frase. La idea de que debes Pagarte a Ti Mismo Primero no es original, e indudablemente no es nada nueva. La he estado enseñando durante años, y ya había existido durante mucho tiempo cuando yo comencé. Por lo general, siempre les pregunto a mis estudiantes si han oído hablar del concepto de Págate a Ti Mismo Primero. En prácticamente todas las clases o seminarios que imparto, ya haya cinco personas o cinco mil en el público, más del 90 por ciento levanta la mano. (El otro 10 por ciento probablemente también la ha oído, pero son el tipo de personas que no van a levantar la mano no importe lo que les pregunten.)

Pero solamente oír el concepto no quiere decir que estás guiando tu vida por él. Antes de que te explique en detalle qué significa este concepto de Págate a Ti Mismo Primero y cómo usarlo, quiero que te hagas las siguientes preguntas, y mira a ver si sabes las respuestas. Más importante aún: mira a ver si estás poniendo en práctica en tu vida lo que sabes.

¿SABES REALMENTE LO QUE SIGNIFICA "PÁGATE A TI MISMO PRIMERO"?

- ¿Sabes cuánto debes Pagarte a Ti Mismo Primero?
- ¿Sabes dónde poner el dinero que te Pagas a Ti Mismo Primero?
- ¿Lo estás haciendo?
- ¿Es tu plan de Págate a Ti Mismo Primero AUTOMÁTICO?

Basándome en cómo la gente contesta estas preguntas, te puedo decir inmediatamente quiénes tienen un plan realista para hacerse ricos. La verdad es que la mayoría no lo tiene.

Entonces, ¿cómo contestaste? ¿Te estás Pagando a Ti Mismo Primero? ¿Sabes qué porcentaje te estás Pagando a Ti Mismo Primero? ¿Estás depositando el dinero en el lugar adecuado? ¿Es tu plan de Págate a Ti Mismo Primero automático, de manera que no tengas que ponerte un presupuesto, ni firmar cheques a mano —ni siquiera pensar en hacerlo— para poder ahorrar?

Si puedes contestar todas estas preguntas con un "sí" inequívoco, felicitaciones. Eres realmente asombroso. Estás haciendo más que lo que la mayoría de la gente hará jamás para obtener una libertad financiera. Pero, de todos modos, sigue leyendo, porque este libro contiene ideas que una persona como tú, a la que le gusta tomar acción, puede usar para subir al próximo nivel.

Por otra parte, si tu respuesta a algunas o a todas estas preguntas es "no", no te culpes. Eres perfectamente normal. **La mayoría de las personas no se pagan a ellas mismas primero; ni tampoco tienen un plan automático.** La mayoría de las personas sólo tienen la esperanza de volverse ricas. Y tener esperanzas nunca funciona. Es cierto, tal vez estas personas puedan hacerse ricas accidentalmente. Podrían ganarse la lotería. O podrían ser atropelladas por un autobús y demandar a la ciudad por un millón de dólares. Pero eso no es un plan.

Y a ti lo que te hace falta es un plan.

Así que, si no puedes contestar afirmativamente todas estas preguntas, no te preocupes. El resto de este libro te enseñará cómo hacerlo bien.

LO QUE QUIERE DECIR "PÁGATE A TI MISMO PRIMERO"

Págate a Ti Mismo Primero quiere decir exactamente lo que dice. Cuando ganas un dólar, la primera persona a la que le pagas es a ti. La mayor parte de la gente no lo hace. La mayoría de la gente, cuando gana un dólar, paga primero al Tío Sam. Ganan un dólar, e inclusive antes de que ese dólar llegue siquiera a su cheque salarial, le pagan al gobierno alrededor de 27 centavos en impuestos federales sobre los ingresos (a menudo más que eso). Entonces, dependiendo del estado en que vivan, puede que paguen un promedio de 5 centavos más en impuestos estatales sobre los ingresos. Encima de eso, hay impuestos de Seguro Social, de Medicaid y de desempleo. A final, terminan pagándole primero al gobierno un máximo de 35 a 40 centavos por cada dólar que tanto trabajo les ha costado ganar. *Parece que le están pagando a todo el mundo, menos a la persona que se ganó el cheque.*

NO SIEMPRE FUE ASÍ

El gobierno no siempre se ha apropiado de un trozo de tu cheque salarial, inclusive antes de que llegue a tus manos. Hasta 1943, la gente recibía su dinero cuando lo ganaba, y no se les pedía que pagaran impuestos sobre los ingresos hasta la próxima primavera. Sin embargo, desde el punto de vista del gobierno, este sistema tenía un problema. No se podía confiar en que la gente manejara su dinero de manera que tuviera suficiente en reserva como para poder pagar sus impuestos la primavera siguiente, cuando les llegara la cuenta.

Piensa en esto por un segundo. El gobierno es bastante listo. Hace años se dio cuenta de que la gente no podía ponerse un presupuesto, por lo que estableció un sistema para asegurarse de que le "pagaran primero" a él. El gobierno no sólo arregló las cosas para que le pagaran primero, sino que también *automatizó el proceso* para que no hubiera fallos. Ideó una manera casi infalible para asegurarse de que siempre iba a recibir su dinero. Sin excusas de ningún tipo.

Este hecho es de importancia fundamental. Es tan importante que me gustaría que leyeras los dos últimos párrafos una y otra vez, y que luego pensaras detenidamente en lo que quieren decir. Si lo haces, el resto de este libro no te va a resultar difícil en absoluto. Eso se debe a que vas a hacer exactamente lo que el gobierno descubrió que tenía que hacer para mantener el flujo de dinero. Inventó un sistema que siempre funcionaría con personas comunes y corrientes, un sistema que está basado en la manera de ser de las personas y no en la manera como ellas creen que deberían ser. En realidad, es una idea brillante. Ahora, tú necesitas hacer lo mismo. **Necesitas establecer un sistema que te garantice el pago, un sistema en el cual te Pagas a Ti Mismo Primero AUTOMÁTICAMENTE.**

Lo bueno de esto es que puedes hacerlo y es fácil.

NO LE PAGUES PRIMERO AL GOBIERNO

Si hubiera una manera legal de evitarlo, ¿por qué rayos dejarías que el gobierno sea el primero que toma dinero de tu cheque salarial? Recuerda, la parte con la que se queda el Tío Sam suma aproximadamente 30 centavos de cada dólar que ganas. Esto te deja a ti con sólo 70 centavos para gastar en TODO LO DEMÁS, incluidas las cuentas de ahorro y de inversión para el retiro. No tienen piedad. Jamás he visto una forma de reducción del ingreso peor que ésa.

Por eso es que a tanta gente le resulta difícil que le alcance el dinero. Digamos que tu salario es de $50.000 al año. (Esto es un poco más de lo que gana la persona promedio, pero usémoslo como una base para hacer las cuentas más sencillas.) Como le pagas primero al gobierno, en realidad no ganas $50.000. Lo que verdaderamente ganas es alrededor del 70 por ciento de

$50.000, o sea, $35.000. Ése es todo el dinero que tienes para pagar tus cuentas y tratar de acumular algunos ahorros para el futuro. No es mucho, ¿verdad? No es de extrañar que tantas personas piensen que necesitan ponerse un presupuesto.

EL SECRETO ESTÁ EN LA MANERA COMO FLUYE TU DINERO

Tú tienes el derecho de evitar legalmente pagar impuestos federales y estatales sobre el dinero que ganas. Aquí la palabra clave es "legalmente". Puedes legalmente Pagarte a Ti Mismo Primero, y no al gobierno, si usas lo que se llama la cuenta de jubilación preimpuestos *(pretax retirement account)*. Hay muchos tipos diferentes de estas cuentas, con nombres como planes 401(k) ó 403(b), planes IRA y SEP IRA. Vamos a hablar de ellos en detalle más adelante.

¿CUÁNTO DEBO PAGARME A MÍ PRIMERO?

La pregunta más frecuente acerca de Págate a Ti Mismo Primero es "¿Cuánto?" Hay una respuesta simple a la pregunta, pero para poder hacerlo más fácil, déjame contarte una historia.

LA PERSONA PARA QUIEN
TRABAJAS TE ESPERA EN CASA

No hace mucho, mientras conducía hacia mi casa por la vía rápida, vi una valla publicitaria que decía: "La persona para quien trabajas te espera en casa". Al principio me hizo reír. Luego me hizo pensar.

Por mucho que nuestros empleadores quieran que pensemos lo contrario, la razón por la que la mayoría de nosotros vamos a trabajar cada mañana no es por cumplir con los objetivos de la empresa, ni siquiera para servir al cliente. Es, a fin de cuentas, por nosotros mismos. Si vamos a la raíz del asunto, la razón por la que la mayoría vamos a trabajar es por nuestro propio beneficio y el de nuestras familias. Vamos a trabajar para proteger a las personas que queremos. Todo lo demás es secundario. Nosotros somos nuestra primera prioridad.

¿O no? La verdad sea dicha, durante nuestra crianza nos enseñaron a no ponernos en primer lugar. Nos criaron para ser agradables con los demás. Nos criaron para compartir. Nos criaron para ayudar a otras personas.

Estos son valores maravillosos, y yo creo en ellos. Pero también hay otra cosa en la que creo: el viejo dicho de "ayúdate y Dios te ayudará". Creo que ésa es una verdad eterna. Así que antes de comenzar a trazar nuestro plan financiero, vamos a concentrarnos en estas preguntas: ¿Nos estamos ayudando a nosotros mismos? ¿Te estás ayudando a ti mismo? ¿Estás REALMENTE trabajando para ti mismo?

No te pregunto si trabajas por cuenta propia. Te pregunto si realmente estás trabajando por tu propio beneficio y el de tu familia cuando partes hacia tu empleo cada mañana.

¿CUÁNTAS HORAS TRABAJASTE
LA SEMANA PASADA?

Saca la cuenta. Llena los espacios en blanco a continuación para averiguar para quién trabajas realmente.

LA SEMANA PASADA, TRABAJÉ UN TOTAL DE _____ HORAS.

GANÉ $_____ POR HORA (ANTES DE PAGAR IMPUESTOS).

LA SEMANA PASADA, AHORRÉ $_____ PARA MI JUBILACIÓN.

POR LO TANTO, LA SEMANA PASADA TRABAJÉ _____ HORAS PARA MÍ.

¿Te dejó perplejo la última oración? Te estás preguntando: "¿Qué quiere decir él con eso de que cuántas horas trabajé para mí la semana pasada?"

Realmente, es muy sencillo. Para calcular cuántas horas trabajaste para ti mismo la semana pasada, primero tienes que preguntarte cuánto dinero ahorraste la semana pasada. Si tu respuesta es "cero", entonces trabajaste cero horas para ti la semana pasada. Si, por el contrario, sí ahorraste algo la semana pasada, entonces divide la cantidad de dinero que ahorraste para tu retiro la semana pasada por tu ingreso por hora. Por ejemplo, si tu ingreso antes de pagar impuestos (también llamado tu ingreso "preimpuesto" o "bruto") media $25 por hora, y ahorraste $50 la semana pasada, debes dividir $50 por $25, lo cual te da dos; eso significa que la semana pasada trabajaste dos horas para ti mismo.

La respuesta que obtuviste puede decirte mucho acerca de

cómo será el futuro que debes esperar. Sé por experiencia propia que la mayoría de la gente trabaja menos de una hora a la semana para ellos mismos. Y eso no es suficiente en absoluto.

Analicemos el caso de alguien que gana $50.000 al año.

UNA PERSONA QUE GANA $50.000 AL AÑO...
... GANA ALREDEDOR DE $1.000 A LA SEMANA
(SUPONIENDO DOS SEMANAS LIBRES DE
VACACIONES)
... O CERCA DE $25 POR HORA (PARA UNA SEMANA
DE 40 HORAS).

Entonces, ¿cuánto debe él o ella ahorrar por semana?

Como ya hemos visto (y como nos ha mostrado la experiencia de los McIntyre), una buena meta de ahorros a la que aspirar es entre el 10 y el 15 por ciento de tu ingreso bruto. Para que lo entiendas mejor, vamos a dividir la diferencia y decir que es un 12,5 por ciento. Pues bien, el 12,5 por ciento de $1.000 es $125, lo que significa que si tienes un ingreso bruto de $1.000 a la semana, debes estar ahorrando $125 a la semana. Si calculas una semana de cinco días laborables, eso da $25 al día.

En otras palabras, debes ahorrar el equivalente de una hora de sueldo cada día.

Por desgracia, lo que ahorra la mayoría está muy lejos de esa cantidad. Según el Departamento de Comercio de EE.UU., el estadounidense promedio ahorra mucho menos del 5 por ciento de lo que gana. En otras palabras, **la mayoría de nosotros apenas trabaja 22 minutos al día para nosotros mismos.** Y uno de cada cinco trabajadores no trabaja ninguna cantidad de tiempo para ellos mismos; es decir, que no ahorra nada.

TÚ PUEDES TRABAJAR
PARA TU FUTURO

Esto me parece realmente triste. ¿Por qué vas a salir de la cama, dejar a tu familia, pasar la mayor parte del día ocupándote de los negocios de otra persona, y NO trabajar por lo menos una hora al día para ti? La respuesta es que no debes hacerlo. Y a partir de hoy, espero que no lo hagas.

Lo que acabo de describir debería hacerte pensar. Hasta podría enojarte. En este momento debes estar pensando: "Esto es una locura. Realmente debería estar trabajando más horas para mí. ¿Por qué no voy a trabajar una hora al día para mí? ¿Por qué no voy a trabajar *una hora y media* para mí? ¿Por qué no *dos horas* al día para mí?"

Lo que sucede con la mayoría de los planes financieros y la educación financiera es que se centran en los números y no en las vidas de las personas. En lugar de pensar solamente en porcentajes de ingreso, piensa en las horas de tu vida. ¿Cuántas horas planeabas trabajar para ti este año, y no para tu patrón, el gobierno, las compañías de tarjetas de crédito, el banco y todos los demás que quieren una porción de lo que tú ganas? ¿Cuántas horas de esta semana crees que vale tu futuro? ¿Cuántas horas de hoy? **¿Cuántas horas quieres pasar hoy trabajando para tu futuro?**

A mí me parece que una hora al día no es realmente mucho que pedir a cambio de un brillante porvenir. Si no estás ahorrando el equivalente a una hora al día de tu ingreso en este momento, estás trabajando demasiado para los demás y no lo bastante para ti mismo. Tú te mereces algo mejor.

ENTONCES, VAMOS A EMPEZAR

Mi sugerencia es muy sencilla. A partir de hoy debes trabajar al menos una hora al día para ti mismo. Esto significa que debes Pagarte a Ti Mismo Primero para tu futuro colocando un mínimo del 10 por ciento de tu ingreso bruto en lo que llamamos la cuenta de jubilación (o retiro) preimpuestos.

He aquí todo lo que tienes que hacer (los detalles sobre cómo hacer esto están en el capítulo siguiente).

- Decide Pagarte a Ti Mismo Primero para tu futuro.
- Abre una cuenta de jubilación.
- Comiénzala con el 10 por ciento de tu ingreso bruto.
- **Hazlo automático.**

A PARTIR DE HOY, TRABAJO
PARA MÍ MISMO

Puedes detenerte a pensar en esto un poco más, o puedes comprometerte ahora a que suceda. He aquí una manera de asegurar que tomarás acción. Gracias a mis años de experiencia directa al encontrarme con lectores de mis libros en mis seminarios, he aprendido que la gente que anota sus metas y planifica, casi siempre al final logran mucho más que quienes no lo hacen. Así que, teniendo esto en cuenta, por favor busca una pluma y rellena el siguiente compromiso contigo mismo. Hazlo hoy, en este momento, AHORA MISMO.

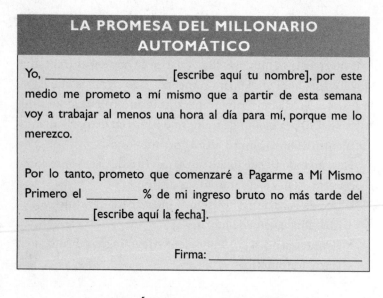

LA PROMESA DEL MILLONARIO AUTOMÁTICO

Yo, _____ [escribe aquí tu nombre], por este medio me prometo a mí mismo que a partir de esta semana voy a trabajar al menos una hora al día para mí, porque me lo merezco.

Por lo tanto, prometo que comenzaré a Pagarme a Mí Mismo Primero el _____ % de mi ingreso bruto no más tarde del _____ [escribe aquí la fecha].

Firma: _____

¡AQUÍ NO HAY TRAMPA!

Digamos que a partir de mañana haces que te quiten automáticamente el 10 por ciento de tu ingreso bruto, antes de impuestos, de tu cheque salarial, y que lo depositen en una cuenta de jubilación preimpuestos. (No te preocupes cómo; llegaremos a eso pronto.) Como resultado de este proceso simple y automático, con el tiempo acumularás más dinero que el 90 por ciento de la población. Así como lo oyes. Pagarte a Ti Mismo Primero sólo un 10 por ciento de tu ingreso puede ayudarte a alcanzar una enorme riqueza.

¿Cuál es la trampa? Bueno, para algunas personas es la idea de no tener ese 10 por ciento para gastar. Pero, ¿es eso tan difícil? Recuerda El Factor Café Latte. Usemos de nuevo el ejemplo de alguien que gana $50.000 al año. Si ése es tu salario anual y tomas el 10 por ciento de cada cheque salarial antes de que el gobierno le eche la mano, a fin de año habrás ahorrado $5.000.

Ahora, si no apartas nada a lo largo de un año, y en cambio esperas hasta diciembre para apartar todo ese dinero, ¿qué posibilidades habrá de que tengas $5.000 esperando por ti? No muchas. Pero cuando te Pagas a Ti Mismo Primero, no esperas. Se extrae el 10 por ciento de tu cheque salarial y se invierte automáticamente en tu nombre antes de que lo veas siquiera. No puedes gastar lo que no tienes, ¿no es cierto?

Entonces, ¿cuánto te costaría esto día a día?

Veamos. Un ingreso anual de $50.000 equivale a unos $4.200 al mes. Eso es un poco más de $2.000 cada dos semanas (que es como se pagan los salarios). Así que para ahorrar el 10 por ciento de eso, tendrías que separar alrededor de $200 cada dos semanas, o $14 al día.

Ahora, vamos a preguntar cuánto te costará si no te Pagas a Ti Mismo Primero. Si invirtieras sólo $200 cada dos semanas durante 35 años en una cuenta de jubilación que rindiera una ganancia anual del 10 por ciento, ¿cuánto tendrías?

La respuesta es que tendrías más de 1 millón de dólares. En realidad, *mucho* más.

La cifra exacta es $1.678.293,78.

Eso es lo que te cuesta si *no* te Pagas a Ti Mismo Primero.

POR QUÉ ESTO NO DUELE

Algunas personas leerán esto y dirán: "¡Apartar catorce dólares al día! ¿Está loco éste? De ninguna manera podría yo ahorrar catorce dólares al día".

Si eres una de esas personas, no te preocupes. Es una reacción perfectamente normal. Sigue leyendo.

En el próximo capítulo verás cómo ahorrar esa cantidad es, en realidad, más fácil y mucho menos doloroso de lo que podrías pensar. Para ustedes, las personalidades impacientes, he aquí un adelanto de la explicación: si depositas el dinero en una cuenta de retiro preimpuestos (algo que aprenderás unas pocas páginas más adelante), ahorrar $14 al día realmente reduce el ingreso que puedes gastar en sólo $10 al día. No te preocupes si parece que esto no tiene lógica. En el próximo capítulo se aclarará totalmente.

LA FÓRMULA "PÁGATE A TI MISMO PRIMERO"

A lo largo de los años he recibido una impresionante cantidad de mensajes de correo electrónico donde me piden una fórmula para Pagarte a Ti Mismo Primero. "¿Es el 10 por ciento suficiente?", me preguntan. "Escuché que debo ahorrar el 12 por ciento. ¿Y si ahorro más? ¿Qué pasa si ahorro el 15 por ciento de mi ingreso?"

Ésta es la fórmula que yo uso ahora. Todo el mundo tiene una diferente, pero ésta te puede servir de referencia para imitarla o para crear tu propia fórmula.

Si quieres…

Acabar arruinado: No te Pagues a Ti Mismo Primero. Gasta más de lo que ganas. Pide dinero prestado de las tarjetas de crédito y acumula una deuda que no puedes pagar.

Acabar pobre: Piensa en Pagarte a Ti Mismo Primero, pero no llegues a hacerlo. Gasta todo lo que ganas cada mes y no ahorres nada. Repítete constantemente: "Algún día…"

Ser de la clase media: Págate a Ti Mismo Primero entre el 5 y el 10 por ciento de tu ingreso bruto.

Ser de la clase media alta: Págate a Ti Mismo Primero entre el 10 y el 15 por ciento de tu ingreso bruto.

Ser rico: Págate a Ti Mismo Primero del 15 al 20 por ciento de tu ingreso bruto.

Ser lo suficientemente rico como para retirarte antes de tiempo: Págate a Ti Mismo Primero por lo menos el 20 por ciento de tu ingreso bruto.

¿Y ESO ES TODO?

A decir verdad, no todo el mundo se entusiasma con la idea de Pagarte a Ti Mismo Primero como deberían hacerlo. De hecho, la idea enoja a muchísimas personas. Puede que tú seas una de ellas. Tal vez tengas la cabeza repleta de razones por las cuales no puedes Pagarte a Ti Mismo Primero. Quizás estás pensando en este instante: "Necesito más que esto. ¿Dónde está el secreto de la riqueza? ¿Dónde está la inversión en acciones o en fondos mutuos que se ocupará de mi futuro? ¿Cómo puedo ganar el 10 por ciento al año por medio de inversiones? ¿No pasó ya esa época? ¿Cómo compro bienes raíces sin poner dinero de entrada? Ése es el tipo de consejo que necesito".

Por favor, confía en mí respecto a este asunto. Nada te ayudará a alcanzar la riqueza hasta que decidas Pagarte a Ti Mismo Primero. Puedes leer todos los libros, escuchar todos los programas en cintas de audio, pedir cada producto basado en la motivación personal, suscribirte a cada boletín que existe, pero ninguno te solucionará el problema si permites que el gobierno y todos los demás le echen la mano a tu cheque salarial antes que tú. **La base de la creación de riqueza es Pagarte a Ti Mismo Primero.**

En la página 80, te comprometiste a Pagarte a Ti Mismo Primero. Ahora, debes decidir dos cosas.

1. ¿CÓMO lo harás?
2. ¿DÓNDE pondrás el dinero?

El próximo capítulo está dedicado a contestar esas preguntas. Así que, adelante. Tu forma de pensar ha cambiado. Ahora vamos a tratar de cambiar la forma en que actúas. Estás listo para convertirte en un Millonario Automático.

PASOS PARA TOMAR ACCIÓN DEL MILLONARIO AUTOMÁTICO

Si sacas una sola enseñanza de este libro, debe ser ésta: **El secreto para crear un cambio financiero duradero es decidirte a Pagarte a Ti Mismo Primero y a Hacerlo Automáticamente.** Si lo único que haces es estas dos cosas, nunca tendrás que volver a preocuparte por dinero.

¿Parece fácil? Pues lo es.

Después de revisar los pasos que señalamos en este capítulo, he aquí lo que debes estar haciendo ahora mismo para convertirte en un Millonario Automático. (De nuevo, marca cada paso a medida que lo cumples.)

❑ Olvídate del presupuesto.

❑ Olvídate de los proyectos del tipo cómo-hacerse-rico-rápidamente.

❑ Comprométete a Pagarte a Ti Mismo Primero.

❑ Decide si quieres acabar pobre, ser de la clase media o rico, y escoge el porcentaje adecuado para Pagarte a Ti Mismo Primero.

Ahora pasa a la próxima página y aprende a *hacerlo automáticamente.*

CAPÍTULO CUATRO

AHORA, HAZLO AUTOMÁTICO

Quizás has oído todo esto antes y ya sabes lo que cuesta *no* Pagarte a Ti Mismo Primero. Si saberlo no te ha cambiado la vida anteriormente, ¿por qué va a ser diferente ahora? Bueno, la diferencia es que ahora tú vas a tener el control. Esta vez lo vas a Hacer Automático.

No hay que darle vueltas al asunto. Para que el Págate a Ti Mismo Primero sea eficaz, **el proceso tiene que ser automático.** Sea lo que sea que pretendas hacer con el dinero que te pagas a ti mismo —ya pienses colocarlo en una cuenta de jubilación, ahorrarlo para un momento de apuro, invertirlo en un fondo de estudios superiores, guardarlo para que te ayude a comprar una vivienda, o usarlo para amortizar una hipoteca o la deuda de una tarjeta de crédito— **necesitas tener un sistema que no dependa de que tú te limites a un presupuesto o a que seas disciplinado.**

Después de haber trabajado con clientes como asesor financiero durante muchos años, te puedo decir que los únicos planes que dan resultados son los automáticos. Los clientes me decían constantemente: "David, soy superdisciplinado. Firmaré los cheques todos los meses y te los enviaré para que tú los inviertas". Jamás duraba. La mayoría de la gente se pagaba a sí misma de esta manera tal vez durante tres meses. Algunos llegaban a seis meses. En nueve años, sólo tuve un cliente que firmaba sus cheques y fue lo suficientemente disciplinado como para seguir haciéndolo.

CÓMO LO LOGRARON LOS MILLONARIOS AUTOMÁTICOS

Jim y Sue McIntyre se convirtieron en Millonarios Automáticos al establecer un sistema de Pagarte a Ti Mismo Primero que les permitía automáticamente ahorrar hasta el 10 por ciento de sus ingresos todos los meses durante más de treinta años. Esto no significa que comenzaron con el 10 por ciento. Al principio se pagaban sólo el 4 por ciento de sus ingresos. Luego lo aumentaron al 5 por ciento. Un año más tarde, lo subieron al 7 por ciento. Les demoró cuatro años en llegar al 10 por ciento. Unos cuantos años después decidieron realmente tomárselo en serio, por lo que aumentaron la cantidad al 15 por ciento.

Lo que hizo posible todo esto fue el hecho de que ellos nunca tuvieron que firmar un cheque ellos mismos. Debido a que su plan era automático, ni siquiera necesitaron ser disciplinados. No les tomó tiempo. Ni aún el trabajo de pensarlo mucho. De hecho, lo único que tuvieron que decidir fue cuán grande sería el porcentaje de sus cheques salariales que querían para Pagarse a Ellos Primero. Lo hicieron una vez. El resto fue automático.

Al igual que los McIntyre, yo también comencé poco a poco.

Cuando me enteré de este concepto por primera vez, yo hacía lo que hace la mayoría de la gente: intentar limitarme a un presupuesto, regañarme por no poder hacerlo y, luego, rastrear dinero al final del año para tratar de poner un poco en mis cuentas de jubilación y de ahorro, sólo para descubrir que se acababa otro año y mis finanzas no habían prosperado.

Realmente comencé a Pagarme a Mí Primero sólo el 1 por ciento de mi ingreso. Como lo oyes: sólo el 1 por ciento. Yo tenía alrededor de 25 años y quería estar seguro de que no iba a causarme trastornos. Al cabo de tres meses, me di cuenta de que el 1 por ciento era fácil, así que lo aumenté al 3 por ciento.

Fue alrededor de esa época cuando conocí a los McIntyre y me dije: "Basta ya… Quiero comenzar joven y terminar rico".

Después de nuestro encuentro, hice una llamada telefónica y aumenté mi porcentaje al 10 por ciento. Un año después, lo subí de nuevo, esta vez al 15 por ciento. Hoy día, mi esposa, Michelle, y yo nos esforzamos por pagarnos a nosotros mismos el primer 20 por ciento de nuestros ingresos brutos. Tal vez eso parezca mucho, pero como me he preparado para eso gradualmente a lo largo de quince años, se ha convertido para nosotros en algo nuevo sin dejar de ser normal.

No estoy contando mi historia para jactarme. La cuento porque si no estás Pagándote a Ti Mismo Primero ahora, es quizás porque piensas que no te alcanza el dinero para eso, y sé exactamente lo que sientes. *Yo mismo solía sentirme así.* Pero por experiencia personal puedo decirte que cuando decidas Pagarte a Ti Mismo Primero y luego lo *hagas automático,* ya está… y antes de que se cumplan tres meses, te habrás olvidado completamente de eso. Te vas a sorprender de lo fácil que aprendes a vivir con un poco menos. Y se hace más fácil a medida que pasa el tiempo. ¿Por qué? Pues porque antes de que te des cuenta, tienes miles y miles de dólares ahorrados. Lo que hace esto posible es algo muy sencillo: no puedes gastar lo que no tienes en el bolsillo.

Así que aún si crees que lo más que puedes ahorrar en este momento es sólo el 1 por ciento de tu ingreso bruto, está bien; adelante, comienza ya. Este único pasito cambiará tus costumbres y convertirá tus ahorros en algo automático. Y eso te pondrá en el camino que al final te hará rico.

TU PRIMERA PRIORIDAD: COMPRARTE UN PORVENIR SEGURO

A estas alturas ya sé que estás motivado para tomar acción. Has encontrado tu Factor Café Latte. Has visto cuántas horas a la semana trabajas para ti mismo actualmente. Y has escrito tu compromiso de trabajar por lo menos una hora al día para ti mismo. Ahora es el momento de obtener el futuro de Millonario Automático que deseas.

¿Cómo obtener un futuro financiero seguro? Es fácil. Lo compras. Decides hoy que nunca dependerás del gobierno, de tu patrón o ni siquiera de tu familia para disfrutar de una vida libre de tensiones después de tu jubilación. Tú vas a ser una de esas personas que logran hacer lo que quieren hacer cuando quieren hacerlo.

La forma de conseguir esto es comprometerte a invertir *en tu futuro* el dinero que has decidido Pagarte a Ti Mismo Primero. Pagarte a Ti Mismo Primero por tu futuro es la prioridad número uno del Millonario Automático. Esto conlleva establecer un sistema que automáticamente proveerá los fondos para tu propia cuenta personal de retiro. A lo largo de las próximas páginas, te explicaré exactamente cómo puedes hacerlo.

SI TIENES UN PLAN DE JUBILACIÓN EN TU TRABAJO, ¡ÚSALO!

Si eres empleado, te tengo buenas noticias: hay muchas posibilidades de que lo que sigue a continuación sea FÁCIL. Digo esto porque cientos de miles de compañías de los Estados Unidos les ofrecen a sus empleados lo que se conoce como cuentas de jubilación autodirigidas. Estos planes te permiten aportar tu propio dinero a tu propia cuenta personal de jubilación *sin tener que pagar impuestos sobre él.*

La cuenta de jubilación autodirigida más común se conoce como un plan 401(k). El 401(k) está considerado como la madre de todos los planes de jubilación. Si trabajas para una organización sin fines lucrativos, como una escuela o un hospital, probablemente te ofrecen un plan parecido llamado 403(b). (Las cifras y letras se refieren a las partes del código de impuestos que estableció estos diferentes planes de jubilación.) Básicamente, ambos planes ofrecen las mismas oportunidades.

Hay seis razones fundamentales por las que no debes desaprovechar la oportunidad de inscribirte en uno de estos planes si eres elegible:

- No pagas ningún impuesto sobre ingreso por el dinero que depositas en el plan, ni por ninguna de las ganancias que el plan te dé con el paso de los años; ni un sólo centavo en impuestos hasta que retires el dinero.

- A partir de 2004, puedes depositar en él hasta $13.000 al año (más, si cumples cincuenta años o más en los próximos años; mira los detalles en la página 102).
- Puedes arreglar las cosas de modo que tus contribuciones se efectúen automáticamente mediante deducciones del cheque salarial.
- Es gratis (la mayoría de las empresas ofrecen estos planes a los empleados sin cobrarles nada).
- Tal vez hasta puedas obtener DINERO GRATIS de tu empresa (muchas compañías ofrecen contribuir una cantidad igual a cierto porcentaje de las contribuciones del empleado).
- Si contribuyes a tu plan con cada cheque salarial, podrás disfrutar de los milagrosos beneficios del interés compuesto.

EL PODER QUE TE DA QUE TE PAGUEN A TI ANTES QUE AL GOBIERNO

Como comentamos en el capítulo anterior, el gobierno por lo general se apodera de unos 30 centavos de cada dólar que tú ganas antes de que tu siquiera hayas visto el dinero, lo que te deja con sólo aproximadamente 70 centavos. Pero cuando depositas dinero en un plan de jubilación con impuestos diferidos, puedes hacerlo con el dólar completo. Ahora es el gobierno el que se queda sin acceso a tu dinero. Esto es lo que da a las inversiones con impuestos diferidos una maravillosa ventaja frente a las inversiones normales. La siguiente tabla muestra lo maravillosas que son.

EL PODER QUE DA LA INVERSIÓN PREIMPUESTOS		
	Plan de jubilación 401(k) (Preimpuesto)	Inversión normal (Sujeta a impuestos)
Ingreso bruto	$1,00	$1,00
Menos impuestos	-0	-30%
Cantidad disponible para invertir	$1,00	$0,70
Más rendimiento anual	+10%	+10%
Saldo al cabo de un año	**$1,10**	**$0,77**
¿Se les cobran impuestos a las ganancias?	No	Sí

EL PODER QUE DA QUE EL PATRÓN CONTRIBUYA CANTIDAD IGUAL A LA CONTRIBUCIÓN

	Plan de jubilación 401(k) (Preimpuesto con equiparación del patrón)	Inversión normal (Sujeta a impuestos)
Ingreso bruto	$1,00	$1,00
Menos impuestos	-0	-30%
Cantidad disponible para invertir	$1,00	$0,70
Contribución típica del empleado	+25%	0
Cantidad invertida	$1,25	$0,70
Más rendimiento anual	+10%	+10%
Saldo al cabo de un año	**$1,38**	**$0.77**
¿Se les cobran impuestos a las ganancias?	No	Sí

¿Cuánto preferirías tener al cabo de un año: $1,10 o 77 centavos? No hay que pensarlo. Pero espera... puede que se ponga aún mejor. Muchas compañías ofrecen contribuir una cantidad igual a un porcentaje de las contribuciones de los empleados para la jubilación. Si trabajas en una de esas empresas, podrás prosperar mucho.

Piénsalo: $1,38 frente a 77 centavos. ¡Obtienes un aumento del casi el 100 por ciento en tus ahorros netos por tan sólo usar una cuenta de jubilación preimpuestos! Es muchísimo... y eso es sólo el primer año.

Mira la gráfica de la página 97 para ver qué pasa si haces esto año tras año, con dinero de verdad.

PARTICIPA EN EL JUEGO

Toda la riqueza comienza con los planes de jubilación preimpuestos. Sin embargo, según una encuesta de noviembre de 2002 realizada por PlanSponsor.com, uno de cada cuatro trabajadores estadounidenses que tienen derecho a las cuentas de jubilación ni se han molestado en inscribirse en ellas. Cuando se trata de asegurar el futuro, estas personas ni siquiera participan en el juego. Observan desde los lados de la mesa. Si eres uno de esas personas, considera que hoy es el día en que comenzarás. Cuando termines de leer este capítulo, quiero que llames al departamento de beneficios de tu empresa y que les pidas que te den lo que ellos probablemente llaman su paquete de información sobre la jubilación. Si trabajas en una compañía grande, tal vez encuentres este material en línea a través del sitio web de la empresa.

Muchas personas cometen el error de suponer que si su empresa les ofrece a sus empleados un plan de jubilación 401(k) o 403(k), ellos quedan automáticamente incluidos en él. ESTO CASI NUNCA SUCEDE. En la mayoría de las compañías, si uno no se inscribe en el plan, no participa en él.

PIDE TUS FORMULARIOS
DE INSCRIPCIÓN

Ponte en contacto con el departamento de beneficios de tu empresa hoy mismo y pídeles un paquete con planillas para abrir tu cuenta de jubilación. Probablemente ya te lo entregaron cuando comenzaste a trabajar... pero como tenía varias pulgadas de grosor, tal vez lo echaste a un lado y dijiste: "Estoy demasiado ocupado. Lo miraré después".

Si fue eso lo que hiciste, por favor ve y busca otro paquete. El resto de este capítulo te explicará exactamente qué hacer con las planillas que te entregará tu departamento de beneficios.

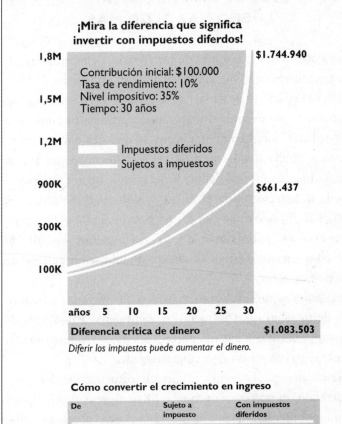

¡Mira la diferencia que significa invertir con impuestos diferdos!

Contribución inicial: $100.000
Tasa de rendimiento: 10%
Nivel impositivo: 35%
Tiempo: 30 años

Impuestos diferidos
Sujetos a impuestos

$1.744.940

$661.437

| años | 5 | 10 | 15 | 20 | 25 | 30 |

| Diferencia crítica de dinero | $1.083.503 |

Diferir los impuestos puede aumentar el dinero.

Cómo convertir el crecimiento en ingreso

De	Sujeto a impuesto	Con impuestos diferidos
Acumulación	$661.437	$1.744.940
Tasa de rendimiento	al 10%	al 10%
Ganancias anuales	$66.143	$174.494
Nivel impositivo	al 35%	al 35%
Ingreso anual	**$42.993**	**$113.422**

El crecimiento con impuestos diferidos puede conducir a más ingreso.

ESCOGE UN PORCENTAJE...
LUEGO HAZ ALGO MÁS

Ahora que tienes tu paquete de inscripción, tienes que decidir qué porcentaje de tu ingreso vas a dedicar a tu cuenta de jubilación cada período de pago. En ese paquete vas a encontrar un formulario que deberás firmar para autorizar a tu empresa a que deduzca el dinero de tu cheque salarial que alimentará tu cuenta de jubilación. La mayoría de los planes te preguntarán si quieres que la cantidad deducida del cheque sea un porcentaje fijo de tu ingreso o una cantidad de dólares en específico. Si puedes elegir, *selecciona siempre un porcentaje*. De esa manera, cuando obtengas un aumento y tu salario mejore, la cantidad que estás depositando en tu cuenta de jubilación aumentará automáticamente.

Como ya hemos explicado, lo ideal sería que trataras de ahorrar de tu salario por lo menos el equivalente a una hora de trabajo cada día. En cálculo porcentual, eso sería aproximadamente el 10 por ciento de tu ingreso bruto.

También explicamos que es correcto comenzar poco a poco, ahorrando un porcentaje pequeño de tu ingreso al principio y luego ir aumentando lentamente hasta el nivel al que necesitas llegar. Así que, como dije antes, incluso si piensas que lo más que puedes ahorrar es el 1 por ciento, no dejes que esto te detenga. Algo es mejor que nada.

Al mismo tiempo, trata de ser ambicioso. Después de todo, estamos hablando de tu futuro. Aumenta un poco más de lo que crees que puedes contribuir a Pagarte a Ti Mismo Primero para tu futuro. Si piensas que puedes ahorrar el 4 por ciento, ahorra el 6 por ciento. Si crees que puedes ahorrar el 10 por ciento, ahorra el 12 por ciento. La mayoría de nosotros tenemos la tendencia a subestimar lo que creemos que podemos hacer. Por eso, acabamos dándonos menos valor a nosotros mismos... y a nuestro futuro.

ES MÁS FÁCIL DE LO QUE PIENSAS

En realidad, el mordisco en sí casi siempre resulta ser menos doloroso de lo que crees. Para entender por qué sucede esto, considera la historia que Jim y Sue McIntyre me contaron acerca de su hija mayor, Donna, y su esposo, Mark. Inspirados en el ejemplo de Pagarte a Ti Mismo Primero de sus padres, Donna decidió que ella y Mark dedicarían el 10 por ciento de sus ingresos brutos a una cuenta de jubilación preimpuestos. Como los dos tenían un ingreso conjunto de unos $50.000, eso significaba ahorrar $5.000 al año.

Por supuesto que a Mark le agradaba la idea de tener un futuro seguro, pero pensaba que el plan de Donna era descabellado.

—Estamos viviendo de cheque a cheque —le dijo él—. Es imposible que podamos tener dinero suficiente para ahorrar $5.000 al año. Eso sería igual que si nos descontaran $5.000 dólares al año del sueldo.

—Pero no nos van a descontar $5.000 al año —respondió Donna—. Eso es lo bueno de las inversiones preimpuestos.

—¿Tú quieres decirme que podemos ahorrar $5.000 al año sin descontarnos $5.000 de sueldo? —preguntó Mark.

—Correcto —dijo Donna.

Mark la miró con una expresión de impaciente incredulidad.

—Explícamelo, a ver si puedo creerte.

Donna se demoró un buen rato en explicárselo, pero cuando había terminado, Mark estaba dispuesto a intentarlo. Espero que tú también lo estés. Esto fue lo que ella le dijo.

—Normalmente ganamos aproximadamente $50.000 al año, ¿no es cierto?

Mark asintió.

—Te equivocas —dijo ella—. Nosotros estamos en una tasa impositiva combinada de alrededor del 30 por ciento, lo que significa que, en realidad, lo que traemos a casa es sólo $35.000 en ingreso neto. Ahora, estoy segura de que tú piensas que pagarnos a nosotros mismos primero $5.000 al año va a reducir esos $35.000 a $30.000.

Mark asintió de nuevo, aunque esta vez con un poquito menos de convicción.

—Te equivocas otra vez. Recuerda que nos estamos pagando a nosotros primero, *antes* de que le paguemos al gobierno. Es decir, que los $5.000 que estamos ahorrando vienen desde el principio. Lo que se reduce es nuestro ingreso bruto, el cual bajará de $50.000 a $45.000.

—Pero siguen siendo $5.000 —protestó Mark.

—No hemos terminado —dijo Donna—. Vamos a sacar cuentas: $45.000 con impuestos al 30 por ciento nos dejan con un ingreso neto de $31.500. Anteriormente, teníamos un ingreso neto de $35.000. Ahora nos quedan $31.500. La diferencia es $3.500 al año. NO $5.000.

Mark la miró fijamente durante un largo minuto, dándole vueltas al asunto en su cabeza.

—Está muy bien —dijo por fin—. Ahorramos $5.000, pero nuestro ingreso sólo baja $3.500.

—Así es —afirmó Donna—. ¿Y sabes lo poco que son $3.500? Entre nosotros dos, es alrededor de $290 al mes. Sólo $145 al mes cada uno. Menos de $5 al día. Creo que podemos afrontar eso, ¿no lo crees?

En realidad, al cabo de unos pocos meses Donna y Mark ya habían dejado de notar la diferencia en la parte del cheque salarial que se llevaban a casa. Y su experiencia fue absolutamente típica. Te prometo que cuando comiences a Pagarte a Ti Mismo Primero, al mes siguiente ya te habrás acostumbrado a eso. La única diferencia que notarás es lo bien que te sentirás al saber que ahora estás en camino de ser un Millonario Automático. Este único cambio en tu vida financiera cambiará al final tu destino financiero.

AHORA, LLÉVALO AL MÁXIMO

Si ya estás inscrito en el plan de jubilación de tu compañía, felicidades. Pero eso no significa que ya hayas terminado. Ahora tienes que averiguar cuánto lo estás usando. ¿Estás ahorrando el 4 por ciento? Eso es aproximadamente lo que hace todo el mundo. Por desgracia, la mayoría de la gente se retira pobre, dependiente del Seguro Social o su familia para sobrevivir. Tú no eres como la mayoría.

En un mundo ideal, la forma más rápida para hacerse rico es LLEVAR EL PLAN AL MÁXIMO. Esto significa hacer lo que tu empresa te dice que es la contribución mayor que puedes hacer según las regulaciones de tu plan. He aquí el máximo permisible de acuerdo con la ley actual sobre impuestos:

LÍMITES DE CONTRIBUCIONES A LOS PLANES 401(K), 403(B) Y 457		
Año	Máximo permisible (si tienes 49 años de edad o menos)	Máximo permisible (si tienes 50 años de edad o más)
2002	$11.000	$12.000
2003	$12.000	$14.000
2004	$13.000	$16.000
2005	$14.000	$18.000
2006	$15.000	$20.000

Nota: Después de 2006, los aumentos se ajustarán para estar al nivel de la inflación en incrementos de $500.

Si bien puedes usar esta tabla como guía, de todos modos debes consultar con el departamento de beneficios de tu empresa. Si tu compañía tiene una tasa de participación baja (lo que quiere decir que tus compañeros de trabajo no se están Pagando a Ellos Mismos Primero), tu contribución permisible máxima será más baja. No trates de hacerlo a ciegas. Pregunta *hoy mismo* en tu departamento de beneficios. Y vuelve a revisar los límites máximos cada mes de enero, de manera que puedas aprovechar lo más posible cualquier aumento que se haya hecho.

EL MAYOR ERROR EN INVERSIONES QUE PUEDES COMETER

La decisión sobre inversiones más importante de toda tu vida podría ser cuánto te Pagarás a Ti Mismo Primero automáticamente en tu cuenta de jubilación. Aparte de comprar una vivienda (algo sobre lo que hablaremos más adelante), esta sola decisión puede tener más influencia que cualquier otra acción que tomes en tu vida en determinar si llegarás a hacerte rico o no.

Teniendo esto en cuenta, no debe resultarte difícil imaginar el mayor error sobre inversiones que puedes cometer: no usar tu plan y no llevarlo al máximo.

La gente que no se toma en serio llegar a ser rica dice esto:
- "Yo no tengo dinero suficiente como para ahorrar más del 4 por ciento de mi ingreso".
- "Mi esposo está inscrito en su propio plan, así que no necesito inscribirme en el mío".
- "Nuestro plan no es nada bueno, así que no vale la pena usarlo".
- "Mi empresa no ofrece una cantidad igual a las contribuciones para la jubilación, así que no vale la pena inscribirme en el plan".
- "Es una locura invertir en acciones de la bolsa".
- "En el futuro invertiré más".

Quienes deciden en serio crear riqueza dicen esto:
- "No importa lo que pase, voy a Pagarme a Mí Mismo Primero".
- "Voy a Pagarme a Mí Mismo Primero por lo menos el 10 por ciento de mi ingreso y voy a esforzarme en depositar en mi cuenta de jubilación la cantidad máxima que me sea permitida".
- "Voy a asegurarme de que mi cónyuge haga lo mismo".

- "Entiendo que cuando el mercado de valores baje, eso me permitirá comprar acciones a precio de ganga... y eso me conviene".
- **"¡Sé que el momento de ahorrar para mañana es siempre hoy!"**

LOS AMIGOS DE SUE Y JIM:
¡UNA DIFERENCIA DE $500.000!

Si piensas que estoy como un disco rayado, machacando acerca de la importancia de llevar al máximo tu plan de jubilación, considera esta historia que me contaron Jim y Sue sobre dos parejas con las que tenían amistad. El relato me impresionó de tal manera que he estado repitiéndolo durante años.

La primera pareja, Marilyn y Robert, había pasado treinta años concentrando sus contribuciones de jubilación en la cuenta de retiro que Robert tenía en su empleo. Cuando la empresa de Robert, una compañía petrolera, empezó a ofrecer un plan 401(k) que permitiría a los empleados ahorrar un máximo del 15 por ciento de sus ingresos, Robert y Marilyn pensaron que sería conveniente que él participara, pero no estaban seguros de que tendrían el dinero suficiente como para desprenderse de semejante cantidad del cheque de Robert. Al final, Jim McIntyre les puso el asunto en perspectiva:

—Robert —le dijo—, ustedes *no pueden* permitirse no hacer esto. Sacrifíquense ahora y al final se van a alegrar de lo que hicieron.

Con ese consejo tan atinado en mente, Robert eligió hacer una contribución máxima del 15 por ciento.

ALGÚN DÍA NUNCA LLEGÓ

Al mismo tiempo, los mejores amigos de Robert y Marilyn, Larry y Connie, consideraban el mismo asunto. Larry tenía un empleo muy parecido al de Robert, y los dos ganaban aproximadamente la misma cantidad de dinero. Pero Larry y Connie tomaron una decisión distinta. Después de mucho discutir, decidieron ahorrar solamente el 6 por ciento del sueldo de Larry. Creyeron que ellos, sencillamente, no podían desprenderse de más dinero que ése. Pensaron que con el tiempo se las arreglarían para aumentar el porcentaje... cuando les fuera mejor.

Después de veinte años que se pasaron volando, cuando Robert y Larry tenían cincuentitantos años, a ambos los despidieron del trabajo por recorte de personal. Para Robert y Marilyn esto realmente no constituyó un problema. De todos modos, ya estaban listos para retirarse y sabían que habían ahorrado lo suficiente como para poder hacerlo cómodamente. Efectivamente, como resultado de haber llevado al máximo su contribución, Robert tenía más de $935.000 en su cuenta 401(k).

Larry y Connie no estaban en tan buena situación. Larry nunca se había decidido a aumentar su porcentaje y tenía solamente $450.000 en su cuenta (401)k, casi $500.000 menos que Robert. Él y Connie podían de todas formas jubilarse, pero de ese momento en adelante no vivieron con tantas comodidades como Robert y Marilyn.

Aprende con el ejemplo de Larry y Connie. No cometas el mismo error que ellos. Lleva ahora al máximo tu contribución al retiro. *Toma únicamente esta acción y habrás mejorado tu futuro financiero; te lo garantizo.*

LA AUTOMATIZACIÓN MÁS EL INTERÉS COMPUESTO EQUIVALE A UNA BUENA RIQUEZA

Aparte de las ventajas impositivas, aparte del "dinero gratis" que puedes obtener de una empresa que equipare tus contribuciones, la causa más importante por la que Pagarte a Ti Mismo Primero en una cuenta de jubilación es una forma tan efectiva de crear riqueza, es que lo **haces automáticamente.** Naturalmente, siempre y cuando abras tu cuenta en el departamento de beneficios. Tú no tienes que hacer nada. Tus contribuciones serán deducidas automáticamente de tu cheque salarial y serán depositadas automáticamente en tu cuenta de jubilación. Debido a que este es un proceso automático, hay bastantes posibilidades de que continuarás haciéndolo durante un largo tiempo. Y gracias a eso, podrás disfrutar de los beneficios de un fenómeno matemático que la mayoría de la gente no entiende realmente, pero que todos podemos usar para hacernos ricos: el milagro del interés compuesto.*

Todo se resume en esto:

Con el tiempo, el dinero se compone.
Al cabo de mucho tiempo, ¡el dinero se compone enormemente!

---

* El interés compuesto es el que se obtiene cuando al capital se le suman periódicamente los intereses producidos. Así al final de cada periodo el capital que se tiene es el capital anterior más los intereses producidos por ese capital durante dicho periodo. (N. del T.)

No tienes que creerme. Examina la tabla siguiente, la cual ilustra cómo el milagro del interés compuesto puede transformar una cantidad de ahorros relativamente pequeños, pero fijos, en una fortuna considerable. Te muestra cuánto dinero puedes lograr si depositas $100 al mes al cabo de diversos períodos de tiempo a diferentes tasas de interés.

¿Ves lo que hace el interés compuesto? A lo largo de un período de 40 años, un programa de ahorros de $100 al mes te cuesta un total de $48.000. Incluso a tasas moderadas de rendimiento (digamos, el 6 por ciento al año), tú terminas con $200.145, más de cuatro veces la cantidad que pusiste al principio. Y con la tasa más alta (el 12 por ciento), terminas con ahorros de un valor casi *25 veces* superior al total de tu contribución.

¿Y SI NO TIENES UN PLAN DE JUBILACIÓN EN TU EMPRESA?

Ante todo, no te des por vencido. El hecho de que tu empresa no ofrezca un plan de jubilación no significa que nunca te vas a hacer rico. Esto significa tan sólo que para poder hacerte rico necesitarás un poco más de iniciativa propia. Pero no te preocupes. No debes demorarte más de una hora en hacer lo que hay que hacer. ¿Y qué es una hora? Comparado con el tiempo que la mayoría de nosotros perdemos viendo televisión cada semana, eso no es nada. Pero puede cambiar tu vida.

CRECIMIENTO EN BASE A $100 DE AHORROS DEPOSITADOS MENSUALMENTE

Según la tasa de rendimiento, depositar sólo $100 al mes en una cuenta de interés y luego dejarla que se componga puede generar un ahorro sorprendentemente grande

Tasa de interés	5 años	10 años	15 años	20 años	25 años	30 años	35 años	40 años
$100/mes invertidos al 2%	$6.315	$13.294	$21.006	$29.529	$38.947	$49.355	$60.856	$73.566
$100/mes invertidos al 3%	6.481	14.009	22.754	32.912	44.712	58.419	74.342	92.837
$100/mes invertidos al 4%	6.652	14.774	24.691	36.800	51.584	69.636	91.678	118.590
$100/mes invertidos al 5%	6.829	15.593	26.840	41.275	59.799	83.573	114.083	153.238
$100/mes invertidos al 6%	7.012	16.470	29.227	49.435	69.646	100.954	143.183	200.145
$100/mes invertidos al 7%	7.201	17.409	31.881	52.397	81.480	122.709	181.156	264.012
$100/mes invertidos al 8%	7.397	18.417	34.835	59.295	95.737	150.030	230.918	351.428
$100/mes invertidos al 9%	7.599	19.497	38.124	67.290	112.953	184.447	296.385	471.643
$100/mes invertidos al 10%	7.808	20.655	41.792	76.570	133.789	227.933	382.828	637.678
$100/mes invertidos al 11%	8.025	21.899	45.886	87.357	159.058	283.023	497.347	867.896
$100/mes invertidos al 12%	8.249	23.234	50.458	99.915	189.764	352.991	649.527	1.188.242

ESTA SEMANA, ABRE UNA CUENTA
DE JUBILACIÓN INDIVIDUAL

Una IRA —*Individual Retirement Account* o Cuenta de Jubliación Individual— es un plan de retiro personal que la mayoría de la gente que gana un ingreso puede establecer en un banco, una firma de corretaje o hasta mediante la Internet. Igual que un plan 401(k) o 403(b), una IRA no es en sí una inversión. Más bien, es un tanque de reservas financiero en el que puedes hacer contribuciones de impuestos diferidos de hasta $3.000 al año ($3.500 al año si tienes cincuenta años o más) con tus dólares de Pagarte a Ti Mismo Primero. Cuando abres una IRA, primero decides cuánto quieres depositar, y luego cómo invertirlo. (Muchas personas invierten su dinero de IRA en un fondo mutuo. Hablaremos sobre esto más adelante.)

Actualmente hay dos tipos de IRA que debes considerar: la IRA tradicional y la Roth IRA. Sigue leyendo y descubrirás por qué.

LA IRA TRADICIONAL COMPARADA
CON LA ROTH IRA

La mayor diferencia entre una IRA tradicional y una Roth IRA está relacionada con cuándo pagas impuestos sobre el dinero de tu jubilación.

Con la IRA tradicional, contribuyes dólares preimpuestos.*

---

* Una IRA tradicional puede que no sea deducible de los impuestos si estás cubierto por un plan empresarial. Revisa la Publicación #590 del IRS para más detalles.

Pero, si bien no pagas ningún impuesto por el dinero que depositas en la cuenta, estás obligado a pagar impuestos por cualquier dinero que extraigas. Y se te exige que retires tu dinero para cuando llegues a los setenta años y medio de edad.

Con la Roth IRA sucede lo contrario. Sí pagas impuestos por el dinero que depositas. (En otras palabras, tus contribuciones no son deducibles.) Y hay límites de ingreso de acuerdo con quien use la Roth IRA.* Lo bueno acerca de la Roth IRA es que, en tanto tu dinero haya sido colocado en la cuenta durante al menos cinco años y tú tengas más de cincuenta y nueve años y medio de edad, no hay que pagar impuestos cuando lo saques. Y a diferencia de la IRA tradicional, el gobierno no te obliga a comenzar a extraer dinero cuando llegas a los setenta años y medio.

¿CÓMO DECIDO?

La decisión entre si escoger una IRA o una Roth IRA se resume, realmente, en la pregunta de si quieres tus ventajas de impuestos al principio o al final.

Muchos expertos dicen que siempre es mejor aprovechar el tipo de deducciones impositivas al inicio que obtienes con una IRA tradicional. Otros expertos prefieren la Roth IRA debido a que una vez que llegues a la edad de jubilarte, te puede dar un ingreso libre de impuestos por el resto de tu vida. Entonces,

---

* Si ganas menos de $95.000 al año ($150.000 para las parejas casadas), puedes contribuir hasta $3.000 al año. Si ganas más de eso, se reduce la cantidad que puedes depositar. Si tus ingresos llegan a los $110.000 al año ($160.000 para las parejas casadas), no puedes usar una Roth IRA en absoluto.

¿cuál es mejor, al inicio o al final? En resumidas cuentas, todo depende del nivel impositivo en que estarás cuando te jubiles, y eso es algo que tú no puedes saber con seguridad. El sentido común te diría que probablemente vas a estar en un nivel impositivo más bajo, debido a que ya no estarás trabajando. Pero, ¿quién sabe cómo serán las leyes sobre impuestos para ese entonces? Según la mayoría de las proyecciones computarizadas, si te quedan por lo menos quince años para el momento en que planeas comenzar a extraer dinero de tu cuenta de jubilación, probablemente te irá mejor con una Roth IRA. Sin embargo, sin conocer tu situación personal, resulta muy difícil decir *exactamente* cuál plan puede ser el que más te conviene.

A mí me gusta la cuenta IRA tradicional debido a que la deducción de impuestos facilita aportar el máximo de contribución. Para poder contribuir $3.000 a una Roth IRA, realmente necesitas ahorrar cerca de $4.000, ya que tienes que pagar impuestos sobre tus ganancias antes de que puedas usarlas para hacer tu contribución. Sin embargo, si crees que puedes apretarte el cinturón y ahorrar lo suficiente como para abrir una Roth IRA con el máximo permisible —y si te quedan más de quince años para tu jubilación—, entonces la Roth IRA es una buena opción, ¡porque cuando te jubiles todo el dinero que extraigas de esta cuenta estará libre de impuestos! Además, si no puedes obtener una deducción de impuestos en la IRA tradicional debido a que estás cubierto por el plan de tu empresa, no consideres siquiera abrir una IRA tradicional. Ve con la Roth IRA.

Para obtener más información, visita www.rothira.com. Éste es un sitio web excelente que compara la IRA tradicional con la Roth IRA, y también ofrece enlaces con muchos artículos y otros sitios que tratan ese tema en detalle.

HAZ TU IRA AUTOMÁTICA

Muchas personas subestiman lo mucho que una IRA (Roth o tradicional) puede hacer por ellas. Eso se debe a que no entienden lo que hay que hacer para convertirse en Millonario Automático en ciernes: para hacer que una cuenta IRA trabaje en tu beneficio en el mundo real, tienes que **hacerla automática.**

Cuando dije antes que no tendrías que emplear más de una hora en establecer una IRA, incluí ahí el tiempo que demoraría en automatizarlo todo. También incluí el viaje y la espera en la fila. El papeleo que se requiere para hacer todo lo que se necesita para abrir una IRA y hacerla automática puede terminarse en menos de quince minutos. De hecho, es tan fácil como abrir una cuenta de cheques.

¿DÓNDE IR PARA ABRIR
UNA CUENTA IRA?

Hay prácticamente cientos de bancos, firmas de corretaje y compañías de fondos mutuos entre los que puedes escoger uno que te ayude a abrir una cuenta Roth IRA o una IRA tradicional. A continuación verás seis firmas que, a mi entender, facilitan mucho el proceso. Son compañías grandes que ofrecen servicios en línea con ayuda por teléfono, y todas pueden ayudarte a automatizar el proceso en cuestión de minutos. Aunque ésta no es una lista completa, puede que sea todo lo que necesitas para tomar una decisión.

SI QUIERES HACER ESTO
DESDE LA COMODIDAD DE TU HOGAR...*

TD Waterhouse

1-800-934-4448 (para servicio en español: 1-888-232-7958)

www.tdwaterhouse.com

TD Waterhouse recibe siempre evaluaciones que la colocan como una de las compañías principales para los inversionistas que "quieren hacerlo ellos mismos". La ventaja de esta firma es que tiene un sitio de Internet muy bueno que puede ayudarte a aprender más sobre inversiones. A mí me gusta especialmente su sección de planificación para la jubilación, la que te ayuda a analizar qué tipo de cuenta de jubilación debes usar. También te facilitan enormemente abrir una cuenta en línea. (Mientras estás en línea, puedes llamarlos y hablar con una persona real que te guiará a través de todo el proceso.) Otra cosa que resulta atractiva: ¡no se requiere un depósito mínimo si deseas abrir una cuenta de jubilación! Es más, puedes establecer un programa automático de inversión para fondos mutuos con un mínimo de $100 al mes. Esto es una ventaja si quieres comenzar hoy mismo, pero tienes pocos ahorros. En general, TD Waterhouse te facilita convertirte en un Millonario Automático, ayudándote a establecer tanto planes de deducción de tu cheque salarial con tu empresa, como programas de transferencia de efectivos con los bancos, lo cual permite que

---

* Ninguno de estos sitios de Internet tienen información disponible en español, pero sí tienen representativos hispanoparlantes por teléfono. Si deseas accesar un sitio que tenga información en español, recomendamos tres bancos: www.chase.com, www.citibank.com y www.wellsfargo.com.

los fondos pasen automáticamente a tus cuentas de inversión o de jubilación. Y para quienes les gusta llevar a cabo sus transacciones frente a frente, TD Waterhouse tiene más de 150 sucursales en todo el país.

ING Direct

1-800-ING-DIRECT (Para servicio en español, favor de pedir al representativo que te comunique con un representativo hispanoparlante.)

www.ingdirect.com

ING Direct —que es propiedad de una de las mayores compañías de servicios financieros del mundo— está creciendo de manera agresiva en los Estados Unidos. Su meta es hacer de la inversión un proceso fácil para los inversionistas pequeños. Si vas a su sitio web, lo primero que notarás es lo increíblemente fácil que es entenderlo y usarlo. ING Direct ofrece actualmente tanto cuentas de IRA tradicional como de Roth IRA, así como una selección de seis fondos mutuos en las que puedes invertir. Todo lo que necesitas es escoger la que ofrezca un nivel de riesgo que puedas aceptar. Mejor aún, no hay un requisito mínimo de inversión si estableces un plan automático de inversión y te comprometes a ahorrar $250 en el transcurso de un año. ING también se vale de sus seis fondos para ofrecer tres modelos de asignación de valores en su sitio web. Tienes que invertir un mínimo de $25 al mes por fondo para usar sus modelos sugeridos. Los formularios pueden imprimirse directamente desde el sitio web, y los representantes de la compañía se pondrán al teléfono para hablar contigo si necesitas ayuda para rellenarlos. Aquí, lo más cercano a una trampa es que tienes que tener una cuenta de ahorros de ING Direct para poder abrir una cuenta IRA. (Por suerte, no se requiere un mínimo de depósito para abrir una cuenta de ahorros.)

ShareBuilder

1-866-747-2537 (Por el momento no hay representativos que te puedan asistir en español.)

www.sharebuilder.com

ShareBuilder se ha dado a la tarea de ayudar a los inversionistas a comenzar a invertir automáticamente con pequeñas cantidades de dinero. No exigen un mínimo para abrir una cuenta, así que es fácil empezar. Sus cuentas IRA te permiten fijar una cantidad mensual de dinero, cobrar el dinero automáticamente a tu cheque salarial y que tus inversiones se hagan por sí solas año tras año. También tienen uno de los sistemas para fijar las tarifas más bajas que he visto en el ramo del corretaje, además de un sitio web sumamente fácil de usar y una línea de ayuda por teléfono y por correo electrónico para responder a preguntas. Puedes comenzar a invertir con un mínimo de $50 al mes, y es una de las pocas compañías de corretaje en línea que no tienen honorarios ocultos por inactividad o de mantenimiento.

Si quieres abrir una cuenta con ellos, pero no estás seguro de dónde invertir, puedes usar la herramienta de diversificación de la cartera de inversiones que ellos brindan y que se llama PlanBuilder. Esta herramienta gratis te ayudará a seleccionar una mezcla de fondos indizados comercializados en la bolsa (ETF), tales como el S&P 500 Index, o escoger acciones específicas basándose en tus características personales como inversionista. De manera parecida a como funciona un plan 401(k), ShareBuilder compra automáticamente las acciones o los ETF que tú indicas cada mes, en la cantidad de dólares que tú especificas, sin que tengas que preocuparte de hacerlo tú. Todo se hace por la Internet, de manera totalmente automática—más fácil no puede ser.

Diversified Investment Advisors
1-800-755-5801
www.divinvest.com

Transamerica Life Insurance Company es otra compañía importante que ha hecho increíblemente fácil el proceso de convertirse en un Millonario Automático. Si vas a su sitio web, verás que puedes abrir una cuenta Roth IRA en cuestión de minutos, sin depósito mínimo. Ellos sólo te piden que te comprometas a ahorrar $50 al mes. Transamerica ha simplificado el proceso de seleccionar inversiones para tu cuenta al ofrecer cinco fondos para la asignación de valores. La única desventaja es que ofrecen solamente cuentas del tipo Roth IRA y no (desde el 30 de mayo de 2003) del tipo de IRA tradicional.

Ameritrade
1-800-669-3900 (Para servicio en español, favor de pedir al representativo que te comunique con un representativo hispanoparlante.)
www.ameritrade.com

Ameritrade, otra firma de corretaje importante en linea que facilita el proceso de abrir tu cuenta de jubilación en línea, ofrece tanto la Roth IRA como la IRA deducible. También facilitan todo para un pequeño inversionista a través de un proceso que llaman Express Application. Puedes ir a su sitio web y establecer todo esto de forma automática. Necesitas empezar con un depósito inicial de $500, pero después de eso tus contribuciones mensuales pueden ser de hasta sólo un dólar. Así que no tienes que ser rico para comenzar y no necesitas un montón de dinero para poder invertir automáticamente todos los meses. También brindan más de 11.000 fondos mutuos entre los que puedes escoger. Igualmente importante es que puedes hablar por teléfono con alguien que conteste a tus preguntas si estás llevando a cabo el proceso de establecer la cuenta en línea.

Vanguard

1-877-662-7447 (para servicio en español: 1-800-455-0729)

www.vanguard.com

Ninguna lista de firmas de corretaje dirigidas a simplificar las cosas para el inversionista estaría completa sin mencionar a Vanguard, sobre todo si planeas hacerlo todo por tu cuenta a largo plazo. Ellos no sólo pueden hacer todo lo que hacen las compañías listadas anteriormente, sino que también ofrecen algunos de los fondos mutuos más baratos del ramo financiero. Sin embargo, con Vanguard vas a necesitar $1.000 para comenzar una cuenta de jubilación. Pero cuando la hayas abierto, puedes contribuir, si quieres, no más de $50 al mes. Vanguard tiene una herramienta en línea que te ayuda a abrir tu cuenta de jubilación en menos de 10 minutos. Su sitio web también te brinda excelentes medios para planificar tu jubilación y aprender a seleccionar fondos mutuos. Sobre todo me gusta su examen gratis sobre el nivel de tolerancia al riesgo (puedes hallarlo bajo *"Research Funds: Investor Questionnaire"*). Y como en casos anteriores, con Vanguard puedes llamarlos por teléfono (pídeles hablar con un especialista en planes de jubilación) para que te ayuden a llevar a cabo el proceso en línea.

SI VAS A UNA FIRMA DE CORRETAJE O UN BANCO

Puede que después de examinar los sitios web que he descrito, decidas que, en lugar de hacerlo en línea, prefieres ir en persona a una oficina y establecer tu cuenta de jubilación con una persona de carne y hueso. No hay nada de malo en pedir ayuda, y mucha gente prefiere trabajar frente a otra persona a la que puedan llegar a conocer. Si esto describe tu caso, las próximas páginas pueden servirte de guía.

COMPAÑÍAS QUE PUEDEN AYUDARTE

Llama por teléfono o ve en línea para encontrar la oficina más cercana.

FIRMAS DE CORRETAJE DE SERVICIO COMPLETO

AG Edwards
1-877-835-7877
www.agedwards.com

American Express
1-800-297-7378
www.americanexpress.com

Charles Schwab
1-866-855-9102
www.schwab.com

Edward Jones
1-314-515-2000
www.edwardjones.com

Fidelity Investments
1-800-FIDELITY
www.fidelity.com

Merrill Lynch
1-800-MERRILL
www.ml.com

Morgan Stanley
1-212-761-4000
www.morganstanley.com

Salomon Smith Barney
1-212-428-5200
www.smithbarney.com

BANCOS NACIONALES

Bank of America
1-800-242-2632
www.bankofamerica.com

Citibank
1-800-248-4472
www.citibank.com

Washington Mutual
1-800-788-7000
www.wamu.com

MI REGALO PARA TI...

PARA CONTRATAR A UN ASESOR FINANCIERO

Una de las preguntas que más me han hecho mis lectores a lo largo de los años es: "¿Cómo encuentro un asesor financiero?" Para responderla, he creado un audio titulado *"The 10 Golden Rules to Hiring a Financial Advisor"* (Las diez reglas de oro para contratar a un asesor financiero). Está disponible, gratis, a través de mi sitio web. Para usarlo, sólo tienes que visitar www.finish rich/advisor. También te convendría echarle una ojeada a mi *Finish Rich Workbook* (Cuaderno de trabajo para acabar rico), el cual dedica un capítulo completo a cómo contratar a un asesor financiero y donde se incluyen las preguntas que hay que hacerle, dónde investigar su capacidad profesional, de qué cosas estar en alerta y cómo pagar por el servicio. También contiene una herramienta especial llamada *Finish Rich Advisor Questionnaire and Gradecard*™ (Cuestionario y tarjeta de evaluación acaba rico para el asesor), la cual puede descargarse, sin costo alguno, del sitio web.

QUÉ DECIR CUANDO VISITES UN BANCO O UNA FIRMA DE CORRETAJE

Cuando vayas a un banco o una firma de corretaje para abrir tu IRA, no dejes de decirle al banquero o al corredor que te atienda (o al representante telefónico, si estás abriendo tu cuenta en línea) que quieres establecer un *plan sistemático de inversión*. En este tipo de plan el dinero es transferido automáticamente de forma regular a tu IRA desde otra cuenta tuya (por lo general, tu cuenta corriente).

PARA ESTABLECER UN PLAN AUTOMÁTICO DE INVERSIÓN

OPCIÓN UNO: DEDUCCIÓN DEL CHEQUE SALARIAL

La mejor forma de establecer este tipo de plan es lograr que tu empresa haga lo que se conoce como una deducción salarial, en la que el dinero se extrae automáticamente de tu cheque salarial y se transfiere directamente a tu IRA. No todas las empresas están preparadas para hacer esto. Si la tuya sí lo está, te darán un formulario para llenar en el cual te piden que les des la información acerca de la cuenta que ellos necesitarán para poder hacer la transferencia (esto conlleva que tendrás que abrir una cuenta IRA y darle a tu empresa el número de esa cuenta y su código de ruta, o *routing*). Algunos bancos y firmas de corretaje se encargarán de hacer esto, poniéndose en contacto con el departamento de pagos de tu empresa a nombre tuyo y ocupándose de todo el papeleo.

OPCIÓN DOS: DEDUCCIÓN DE TU CUENTA CORRIENTE

Si tu empresa no ofrece una deducción de salario, pregúntales si pueden hacerte un depósito directo automático (la respuesta casi siempre es "sí"). Esto significa que ellos depositarán directamente tu cheque salarial en tu cuenta corriente. Si es así, puedes arreglar con el banco o la firma de corretaje con la que estás trabajando para que pasen el dinero automáticamente de tu cuenta corriente a tu cuenta de jubilación… Te sugiero que arregles las cosas para que esto suceda cada vez que te paguen, idealmente el día después de que tu cheque salarial sea convertido en efectivo.

Prácticamente todos los bancos y firmas de corretaje que ofrecen cuentas IRA están equipados para hacer estos arreglos en tu beneficio. Muchos de ellos hasta llamarán a tu empresa en tu nombre y te ayudarán a llenar las planillas de la deducción automática del salario. Sólo tienes que pedirlo. Y cuando ya todo esté hecho, no tendrás que volver a pensar más en eso. Mejor aún, tu decisión no es irrevocable. Por lo general, puedes cambiar el arreglo mediante una simple llamada telefónica o una solicitud por escrito. Y no olvides que hoy en día muchos bancos ofrecen sin costo pagos de facturas a través de la Internet, lo que te permite "autopagar" un cheque a quien tú hayas designado. Al hacer esto, la automatización de tu plan de inversión puede convertirse en un esfuerzo que realizas una sola vez, y en cinco minutos.

OTRA FORMA INCREÍBLEMENTE SENCILLA PARA AUTOMATIZARLO TODO

Actualmente, la tecnología de la Internet hace increíblemente sencillo establecer lo que se llama "pagos en línea de facturas". Como lo dice su nombre, el pago de facturas en línea te permite pagar todas tus facturas en línea. Una vez que abras una cuenta de pagos de facturas en línea, tus facturas van directamente a la compañía que ofrece el servicio, la cual las escanea y después te las presenta en línea. Todo lo que tienes que hacer para pagarlas es apretar una tecla. Los fondos para pagar cada factura son extraídos automáticamente de tu cuenta bancaria. Lo bueno del pago de facturas en línea es que puedes servirte de él para enviar dinero automáticamente dondequiera que desees. Digamos que quieres depositar $50 semanales en tu cuenta de jubilación. El pago en línea de facturas puede hacer esto por ti cada semana sin que tú tengas que hacer otra cosa que establecer este proceso al principio. El costo de abrir un servicio de pagos de facturas en línea debe ser de aproximadamente $12.95 al mes (casi siempre por treinta facturas o cheques), o $4.95 al mes más 50 centavos por cada factura. He usado este tipo de servicio durante dos años, tanto para las facturas mías como las de mi negocio, y me parece fantástico.

Tres compañías establecidas de pagos de facturas en línea son:
www.paytrust.com
www.statusfactory.com
www.quickenbillpay.com

Hoy día, también puedes usar el pago de facturas en línea en la mayor parte de los bancos o firmas de corretaje. En muchos casos este sistema automatizado de pagos en línea de facturas puede enviar automáticamente tus cheques donde tú lo desees sin costo alguno.

¿CUÁNTO DEBO AHORRAR?

Comparado con un plan 401(k) o un 403(b), es fácil llegar a colocar el máximo dinero permisible en una IRA. Hasta 2003, el máximo que se podía contribuir si tenías menos de cincuenta años de edad era $3.000 al año. (Si tienes más de cincuenta, el máximo es $3.500.) Esto es sólo $250 al mes, o menos de $12 por día de trabajo. A no ser que tú ganes menos de $12 por hora, no hay razón para no llevar al máximo tus contribuciones. Recuerda, se supone que ahora debas trabajar al menos una hora al día para ti mismo.

LÍMITES DE CONTRIBUCIONES A LA IRA TRADICIONAL Y A LA ROTH IRA		
Año	Máximo permisible (si tiene 49 años de edad o menos)	Máximo permisible (si tiene 50 años de edad o más)
2002	$3.000	$3.500
2003	$3.000	$3.500
2004	$3.000	$3.500
2005	$4.000	$4.500
2006	$4.000	$4.500
2007	$4.000	$4.500
2008	$5.000	$6.000

Nota: Después de 2008, los aumentos se ajustarán para estar al nivel de la inflación en incrementos de $500.

PERO, ¿PUEDO REALMENTE HACERME RICO AHORRANDO SÓLO $3.000 AL AÑO?

Ahorrar $3.000 al año puede no parecer mucho, pero no olvides el poder del interés compuesto. Si a los veinticinco años de edad comenzaste a depositar $250 al mes (o $3.000 al año) en una IRA que lograba un rendimiento anual del 10 por ciento, para cuando tuvieras sesenta y cinco tendrías un ahorro de cerca de $1,6 millones. Incluso si esperaste hasta tener cuarenta años para comenzar, de todos modos habrías terminado con una cuantiosa suma: aproximadamente $335.000.

Es obvio que mientras más temprano empieces, más fácil será acumular una riqueza mayor. Pero nunca es demasiado tarde para comenzar. El momento de empezar es ahora. Un poco de dinero es mejor que nada. (Vuelve atrás y examina de nuevo la tabla de la página 108.)

MEJOR AÚN SI TRABAJAS POR CUENTA PROPIA

Si trabajas por cuenta propia, tengo algo que decirte: felicidades. Los negocios pequeños verdaderamente estimulan nuestra economía; es el impulso que crea el crecimiento económico. En reconocimiento de esto, el gobierno les da a los dueños de negocios las mejores ventajas impositivas cuando se trata de cuentas de jubilación.

Hay numerosos tipos de cuentas de jubilación que los dueños de negocio pueden seleccionar. Puesto que este libro está diseñado para que entres en acción de inmediato, voy a discutir sólo dos de ellas: la SEP IRA, la cual yo considero la cuenta de jubilación más directa y sencilla que existe para las personas que trabajan por cuenta propia, y la novísima *One-Person (401)k Profit Sharing Account* (Cuenta Personal 401(k) con Participación en las Utilidades), que es realmente emocionante.*

LOS BENEFICIOS DE UNA SEP IRA

El SEP de SEP IRA viene de *Simplified Employee Pension* (Pensión Simplificada de Empleado), y también es conocida como cuenta de jubilación para el empleado por cuenta propia. Como resultado de los cambios en las leyes impositivas en 2002, estos planes son verdaderamente asombrosos. Ahora puedes contribuir hasta un 25 por ciento de tu ingreso bruto a una SEP IRA hasta un máximo de más de $40.000 (la cantidad se ajusta cada año para estar al nivel de la inflación). Eso es excelente para Pagarte a Ti Mismo Primero.

Si trabajas por cuenta propia y no tienes empleados, ve corriendo ahora mismo al banco o agencia de corretaje más cercana y abre una SEP IRA hoy (usa las listas de las páginas 113 a 118). Casi todas las firmas en esa lista ofrecen SEP IRA. La

---

* Si estás interesado en otras cuentas de jubilación para dueños de negocio, tales como cuentas 401(k) con participación en las utilidades *(Profit Sharing Accounts)*, planes de compra de efectivo *(Money Purchase Plans)*, planes de participación en las utilidades *(Profit Sharing Plans)*, planes de beneficios definidos *(Defined Benefits Plans)* y planes SIMPLE, puedes leer todo sobre ellos en detalle en mis tres libros anteriores: *Smart Women Finish Rich, Smart Couples Finish Rich* y *The Finish Rich Workbook*. También puedes visitar mi sitio web en www.finishrich.com para leer gratis un capítulo sobre este tema.

única parte ligeramente complicada del proceso es ponerlo a funcionar automáticamente. Eso se debe a que, como persona que trabaja por cuenta propia, probablemente tú no recibes un salario fijo. De todos modos, igual que sucede con los otros planes de jubilación que hemos discutido, la clave para hacer que funcione es la automatización, así que vale la pena hacer el esfuerzo de averiguarlo.

He aquí lo que hay que hacer:

Si recibes un salario fijo: Arregla tu sistema de pago para que tus contribuciones se transfieran automáticamente a tu SEP IRA. Esto debe resultar especialmente fácil si usas una compañía de pagos. Igual que con los otros planes, la meta debe ser Pagarte a Ti Mismo Primero aproximadamente el 10 por ciento de tu ingreso, y más si quieres ser realmente rico. (Recuerda, las reglas de la SEP IRA te permiten llegar hasta un máximo del 25 por ciento.)

Si no recibes un salario fijo: Muchas personas que trabajan por cuenta propia esperan hasta haber pagado la mayoría de sus gastos de negocio para darse a sí mismos cualquier tipo de salario o bono. Si esto es lo que tú haces, sólo tienes que asegurarte de que cada vez que tomas dinero de tu negocio, dirijas el primer 10 por ciento a tu SEP IRA. Como esto va a ser difícil, si no imposible, de automatizar, te recomiendo que trates de pagarte algún tipo de salario, sencillamente para no tener que estar pensando en que tienes que poner dinero en tu plan. Como espero que ya hayas aprendido, los procesos automáticos son los que funcionan. Los que no lo son, casi nunca funcionan.

EL TOTALMENTE NUEVO
ONE-PERSON 401(K)/PROFIT-SHARING PLAN*

Este nuevo plan es realmente asombroso. Como resultado de los cambios en las leyes impositivas en 2002, tú puedes ahora abrir un plan 401(k) para un negocio de una sola persona por un costo de sólo $150. Entonces, puedes depositar allí fondos con hasta el 100 por ciento de los primeros $13.000 que ganes en 2004 (más en los años siguientes). Por si esto fuera poco, puedes usar la parte del plan que contempla participación en las utilidades para poner hasta un 25 por ciento más de tu ingreso. El total combinado que podías contribuir en 2002 fue de $40.000. (Esta cifra se ajustará para estar al nivel de la inflación en 2003 y los años posteriores.)

Examina estos cálculos. Digamos que ganaste $50.000 como un negociante que trabaja por cuenta propia. Con el *One-Person 401(k)/Profit Sharing Plan*, podrías poner los primeros $12.000 que ganaste en la cuenta 401(k), y luego poner otros $12.500 en la parte de participación en las utilidades *(profit sharing)*. Eso suma un total de $24.500 en ahorros preimpuestos, ¡en un ingreso de $50.000! Por esto es que los dueños de negocio pueden hacerse ricos con más rapidez que los trabajadores normales. Si usas compañías de pagos como Paycheck o ADP, pídeles detalles sobre esto, pues éstas ponen estos planes a disposición de los clientes. Además, la mayoría de las firmas financieras de servicio completo, incluidas las compañías de fondos mutuos, deben estar a punto de ofrecerlas dentro de poco

---

* El plan de ahorros para una sola persona con participación en las utilidades.

(si no lo están haciendo ya), así que asegúrate de consultar también con ellas (en la página 119 verás como contactarlas).

Entre las compañías a las que puedes contactar para conocer más detalles acerca de estos emocionantes planes nuevos están Aim Funds (www.aimfunds.com), John Hancock Funds (www.jhancock.com) y Pioneer Funds (www.pioneerfunds.com). En la mayoría de los casos, te costará un mínimo de $150 abrir uno de estos planes. Mi esposa, Michelle, y yo establecimos uno de estos planes para nuestro negocio en 2002 y nos demoramos sólo veinte minutos en firmar y automatizar todo.

ENTONCES, ¿CÓMO DEBO INVERTIR EL DINERO DE MI JUBILACIÓN?

Ahora que ya hemos examinado los diferentes tipos de cuentas de jubilación que están disponibles, veamos qué hacer con el dinero que colocamos en tu plan. Ya sea que abras un plan 401(k) en el trabajo, o una IRA o una SEP IRA por tu propia cuenta, una vez que el dinero se deposita en la cuenta, tienes que seleccionar una inversión. La cuenta en sí misma es sólo un sitio donde se almacena. Es la inversión que seleccionas lo que determina cuán rápidamente aumentará tu dinero. Depende de cómo lo inviertas si ese dinero tendrá un rendimiento del 1 por ciento o del 10 por ciento. Con una cuenta de jubilación, es esencial que inviertas inteligentemente, no que apuestes a ver qué sale.

La mejor manera de hacer esto es seguir el antiguo consejo de no colocar todos los huevos en una sola canasta. Es decir, tienes que diversificar y, en vez de invertir todo tu dinero en sólo uno o dos sitios, debes distribuirlo. Pero distribuir tu dinero no quiere decir abrir numerosas cuentas diferentes en lugares diferentes. Si haces eso, pero con el mismo tipo de inversiones en cada una de ellas, todo lo que has logrado es complicarte la vida. Distribuir tu dinero en diferentes lugares significa crear una cartera diversificada de inversiones en acciones, bonos y efectivo, todos dentro de *una* cuenta de jubilación. Muchas personas complican este proceso. Pero no tiene por qué ser así.

EL PODER DE LA PIRÁMIDE

En la página 132 hay una maravillosa herramienta creada para ayudarte a decidir dónde debes invertir tu dinero y cuánto debe ir en cada lugar. Yo la llamo la Pirámide de Inversiones del Millonario Automático, y se basa en dos principios sencillos: (1) que tu dinero debe invertirse en una combinación de efectivo, bonos y acciones; y (2) que la naturaleza de esta combinación debe cambiar con el tiempo a medida que cambia tu situación en la vida.

Como ves, la pirámide divide tu vida financiera en cuatro períodos distintos: los años del "comienzo", los años de "ganar dinero", los años de "prejubilación" y los años de "jubilación". En cada punto, tus necesidades y metas son diferentes, y debido a eso probablemente tendrás una combinación diferente de inversiones.

Dentro de cada período, la pirámide sugiere qué porcentaje de tus ahorros debe asignarse a cada uno de cinco tipos de inversiones típicas. En orden de riesgo, empezando por el más seguro hasta el más riesgoso, estos son dinero en efectivo, bonos, inversiones de ingresos, inversiones de crecimiento, inversiones de crecimiento e ingreso, e inversiones agresivas de crecimiento. La base de la pirámide descansa sobre las inversiones más seguras (efectivo y bonos). A medida que subes en la pirámide, te arriesgas más, pasando de crecimiento e ingreso a crecimiento, y de ahí a crecimiento agresivo. Aparte del hecho de que siempre debes desarrollar tu cuenta de jubilación comenzando primero con inversiones seguras, depende de tu edad qué mezcla de categorías de riesgo son las que más te convienen. Mientras más joven seas, más riesgo puedes enfrentar, ya que tienes más tiempo para aguantar un período malo en el mercado de valores o cualquier otro desastre económico. Sucede lo contrario con la persona que ya está jubilada. Ese principio es asombrosamente sencillo, y lo mejor de todo es que funciona.

Usa la pirámide de inversiones como una guía para seleccionar qué tipo de inversiones hacer con el dinero que tienes en tus cuentas de jubilación. En vez de buscar acciones y bonos individuales que se ajusten al perfil de riesgo específico apropiado para tu situación, te sugiero que coloques tu dinero en los fondos mutuos adecuados. Con los fondos mutuos no sólo se administra profesionalmente tu dinero, se diversifica y te facilita su manejo, sino que también la mayoría permite ahora que comiences tus inversiones con un mínimo de $50. Algunos hasta aceptan inversiones mensuales de sólo $25. A lo largo de las próximas páginas, te diré cuál es el tipo de fondos que me parece mejor para las personas que se inician como inversionistas.

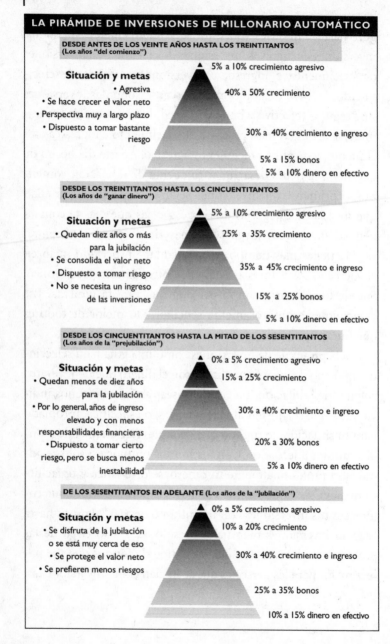

LA PIRÁMIDE DE INVERSIONES DE MILLONARIO AUTOMÁTICO

DESDE ANTES DE LOS VEINTE AÑOS HASTA LOS TREINTITANTOS
(Los años "del comienzo")

Situación y metas
- Agresiva
- Se hace crecer el valor neto
- Perspectiva muy a largo plazo
- Dispuesto a tomar bastante riesgo

5% a 10% crecimiento agresivo
40% a 50% crecimiento
30% a 40% crecimiento e ingreso
5% a 15% bonos
5% a 10% dinero en efectivo

DESDE LOS TREINTITANTOS HASTA LOS CINCUENTITANTOS
(Los años de "ganar dinero")

Situación y metas
- Quedan diez años o más para la jubilación
- Se consolida el valor neto
- Dispuesto a tomar riesgo
- No se necesita un ingreso de las inversiones

5% a 10% crecimiento agresivo
25% a 35% crecimiento
35% a 45% crecimiento e ingreso
15% a 25% bonos
5% a 10% dinero en efectivo

DESDE LOS CINCUENTITANTOS HASTA LA MITAD DE LOS SESENTITANTOS
(Los años de la "prejubilación")

Situación y metas
- Quedan menos de diez años para la jubilación
- Por lo general, años de ingreso elevado y con menos responsabilidades financieras
- Dispuesto a tomar cierto riesgo, pero se busca menos inestabilidad

0% a 5% crecimiento agresivo
15% a 25% crecimiento
30% a 40% crecimiento e ingreso
20% a 30% bonos
5% a 10% dinero en efectivo

DE LOS SESENTITANTOS EN ADELANTE (Los años de la "jubilación")

Situación y metas
- Se disfruta de la jubilación o se está muy cerca de eso
- Se protege el valor neto
- Se prefieren menos riesgos

0% a 5% crecimiento agresivo
10% a 20% crecimiento
30% a 40% crecimiento e ingreso
25% a 35% bonos
10% a 15% dinero en efectivo

¿Y SI INVIERTO EN MI PLAN 401(K)?

La pirámide de inversiones puede ayudarte a seleccionar cómo asignar el dinero que depositas en tu plan 401(k). Es probable que tu plan te ofrezca una selección de opciones de inversión bastante parecidas (si no idénticas) a las que están listadas en la pirámide. En ese caso, sólo tienes que usar los porcentajes de la pirámide para distribuir tus dólares adecuadamente. La única diferencia notable puede ser que si por casualidad trabajas para una compañía grande listada en la bolsa de valores, tu plan también te ofrecerá la oportunidad de invertir en las acciones de tu empresa. Si lo hace, resiste la tentación de invertir en exceso, no importa cuán maravillosa creas que es tu compañía.

En los últimos años, demasiados empleados excesivamente leales han perdido todos sus ahorros porque invirtieron en las acciones de su propia compañía todo el dinero que tenían para su jubilación. No olvides nombres como Enron, WorldCom y Lucent Technologies. Hasta que todo se vino abajo, todo el mundo pensaba que estas compañías eran absolutamente estables... y nadie estaba más convencido de eso que las personas que trabajaban para ellas. A mi entender, nunca debes invertir más del 25 por ciento —y si quieres ser conservador, no más del 5 por ciento— del dinero para tu jubilación en las acciones de tu propia compañía. Además, cuando uses la Pirámide de Inversiones del Millonario Automático, considera las acciones de tu compañía como una inversión de crecimiento agresiva (incluso si es una compañía conservadora). Esto es porque poseer acciones de una sola empresa reduce tu diversificación y, por lo tanto, aumenta tu riesgo.

LAS COMPRAS EN UNA PARADA—
SUMAMENTE SENCILLO

Muchos planes de jubilación empresariales ofrecen a sus parti-
cipantes una opción de fondos mutuos que combina bajo un
mismo "techo" todos los diferentes tipos de inversiones que necesitas hacer. Esto resulta en que no tienes que preocuparte de
si habrás confundido un fondo de crecimiento agresivo con
un fondo de crecimiento, o viceversa. Ni tampoco tienes que
calcular qué porcentaje de tu dinero tienes que dedicar a la
compra de bonos y cuánto a acciones.

Este tipo de inversión extraordinariamente sencillo se conoce por distintos nombres. Según el plan, podría llamarse
fondo de asignación de valores *(asset allocation fund)*, o fondo
de fondos *(fund of funds)*, o un fondo de etapas de vida *(life
stage fund)*. Algunos de estos fondos incluyen un año específico
en sus nombres (por ejemplo, el fondo 2002, o el fondo 2003),
con el propósito de que tú selecciones el fondo que se acerca
más a la fecha en que planeas jubilarte. La mayoría de las compañías también ofrecen lo que se llama un fondo compensado
o balanceado *(balanced fund)*. Un fondo compensado ofrece un
manejo profesional de tu dinero y una asignación de valores
que tiene, por lo general, el 60 por ciento en acciones y el 40 por
ciento en bonos.

POR QUÉ TIENEN SENTIDO LOS FONDOS COMPENSADOS Y LA ASIGNACIÓN DE FONDOS

Un fondo de asignación de valores o compensado hace todo el trabajo por ti, ya que te ofrece la combinación adecuada de dinero en efectivo, bonos y acciones en un solo fondo. No tienes que crear una Pirámide de Inversiones de Millonario Automático. Como resultado, este tipo de fondos hace muy fácil el proceso de invertir. Te lo digo una y otra vez. Y para participar en uno de ellos no tienes que trabajar para una compañía que tenga un plan 401(k). Puedes invertir en fondos de asignación de fondos, preseleccionados y administrados por expertos, a través de una IRA tradicional, una Roth IRA o una SEP IRA.

Si trabajas con un asesor financiero de un banco o de una firma de corretaje, dile a él o ella que te gustaría investigar las opciones de **fondos de asignación de valores** y de **fondos compensados.** Tu asesor podrá encaminarte adecuadamente. Además, a continuación te indico algunas opciones de servicios completos. Si quieres hacer esto tú mismo, hay maneras de invertir sin un agente o corredor. Para que comiences ya, he aquí la lista (sin orden de preferencia) de compañías que ofrecen fondos de asignación de valores y fondos compensados.

FONDOS DE ASIGNACIÓN DE VALORES
Y FONDOS COMPENSADOS

LA OPCIÓN "SIN AYUDA"

Las siguientes compañías ofrecen fondos para que puedas invertir tú mismo, sin ayuda; es decir, que no necesitas un asesor financiero para comprar los fondos. Mejor aún, la mayoría de estos fondos son "sin cargo", lo que quiere decir que son fondos en los que puedes invertir sin tener que pagar una comisión.

Vanguard
1-877-662-7447
www.vanguard.com

Pregúntales acerca de los fondos de asignación de valores que ellos tienen (*Vanguard Life Strategy Funds*). También pregúntales acerca del *Vanguard Star Fund* (este "fondo de fondos" es un producto de asignación de valores creado con varios fondos de Vanguard). Por fin, pregúntales acerca del *Vanguard Balanced Fund*, un fondo compensado de muy bajo costo con excelente historial de comportamiento a largo plazo.

Fidelity Investments
1-800-FIDELITY
www.fidelity.com

Pregúntales acerca de los *Fidelity Freedom Funds*. Estos fondos de asignación de valores vienen con una fecha límite (por ejemplo, 2000, 2010, 2020, 2030, 2040). Se trata de que inviertas en el fondo con la fecha más cercana a cuando tú crees que vas a querer empezar a retirar dinero del fondo (por ejemplo, cuando pienses retirarte). Pregúntales también acerca del *Fidelity Balanced Fund.*

Charles Schwab
1-866-855-9102
www.scwab.com

Pregúntales acerca de la serie de fondos *Schwab Market Track.* Actualmente Schwab ofrece cuatro fondos en esta serie, los que van desde conservadores hasta de crecimiento. Pregunta también acerca de los fondos *Schwab's Balanced MarketMasters.*

Dodge and Cox
1-800-621-3979
www.dodgeandcox.com

Pregúntales acerca del *Dodge and Cox Balanced Fund.* Este fondo ha sido clasificado consistentemente como uno de los mejores fondos compensados sin costo, con un historial de desempeño que se remonta a 1931 (plazo muy largo).

T. Rowe Price
1-877-804-2315
www.troweprice.com

Pregúntales acerca de la serie *T. Rowe Price Retirement.* Igual que los *Fidelity Freedom Funds,* estos fondos vienen con una fecha límite. Pregunta también por los *T. Rowe Price Spectrum Funds.*

American Century

1-800-345-2021

www.americancentury.com

Pregúntales acerca de los *American Century Strategic Asset Allocation Funds.* Hay tres tipos: conservadores, moderados y agresivos.

Scudder

1-800-621-1048

www.scudder.com

Pregúntales acerca de los *Scudder Pathway Funds.* Scudder ofrece tres: moderados, agresivos y de crecimiento.

LA OPCIÓN DE SERVICIO COMPLETO

Cuando usas un asesor financiero o un banquero de servicio completo, todo lo que tienes que hacer es decirle que te interesa examinar un fondo de asignación de valores o un fondo compensado. Casi todas las compañías que aparecen en la página 119 te ofrecerán una variedad para seleccionar. Las siguientes compañías brindan un producto de fondos que ellas mismas crearon o administran.

Wells Fargo

1-800-222-8222

www.wellsfargo.com

Wells Fargo ofrece tanto fondos de asignación de valores (con fechas límite) como fondos de asignación de valores estratégicamente administrados (llamados *"Wealth Builder Funds"* o fondos para crear riqueza). Pregunta por ambos.

Washington Mutual

1-800-222-5852

www.wamu.com

Pregúntales por los fondos *WM Strategic Asset Management*. Ellos se refieren a éstos como carteras de inversiones "SAM". Actualmente ofrecen cinco productos del tipo "fondo de fondos". Para obtener los detalles sobre estos fondos, visita www.wmgroupoffunds.com.

Bank of America

1-800-321-7854

www.bankofamerica.com

Pregúntales por los fondos *Nations LifeGoal*. Ellos incluyen tres fondos de asignación de valores (ingreso y crecimiento, crecimiento compensado y crecimiento).

Bank One

1-877-266-5663

www.bankone.com

Pregúntales acerca de los fondos llamados *One Group Investor*. Allí hay tres fondos de asignación de valores (crecimiento conservador, crecimiento e ingreso, y crecimiento para inversionistas).

Putnam Funds

1-800-225-1581

www.putnamfunds.com

Los fondos Putnam se venden a través de asesores financieros de servicio completo, como Morgan Stanley, Merrill Lynch y Edward Jones. Pídele a tu asesor que te muestre los tres fondos de asignación de valores de Putnam: conservador, compensado y de crecimiento.

Van Kampen Investments

1-800-341-2911

www.vankampen.com

Los fondos Van Kampen también se venden a través de asesores financieros de servicio completo. Pregúntales acerca del fondo *Van Kampen Equity and Income*. El servicio ha existido desde 1960 y tiene un buen historial de desempeño a largo plazo, con un enfoque balanceado de las inversiones.

INVERSIÓN A LO FÁCIL

¿Te parece que es muy fácil, demasiado bueno para ser cierto, invertir todo el dinero de tu jubilación en un solo fondo? ¿Hasta un poquito aburrido? A lo largo de mis años como asesor financiero, inversionista e instructor de dinero, he visto mercados excelentes, mercados pasables y mercados absolutamente espantosos (como el que vivimos de 2000 al primer trimestre de 2003). Si he aprendido un verdadero secreto de los inversionistas a los que les va bien tanto en los tiempos buenos como en los malos, es éste: ¡ADMINISTRAR TU DINERO DEBE SER ABURRIDO!

Si inviertes tu dinero siguiendo la Pirámide de Inversiones del Millonario Automático, como te sugerí en la página 132, terminarás con una cartera de inversiones muy diversificada que está administrada profesionalmente. Mejor aún, si inviertes en un fondo compensado o en un fondo de asignación de valores que diversifica tu cartera en tu nombre y automatizas tus contribuciones —lo cual, después de todo, es el objetivo de este librito—, tendrás una vida financiera verdaderamente aburrida. Tu dinero estará totalmente diversificado, equilibrado y administrado por profesionales, y tu plan de ahorros avanzará por sí solo.

Por supuesto, si hicieras esto, no tendrías nada de qué hablar durante los cócteles cuando la gente saca a colación el tema de cómo invierten su dinero. Nadie alardea de tener una cartera de inversiones realmente sencilla y bien diversificada. Así que vas a tener que buscar otra cosa de qué hablar durante las fiestas. Pero, de verdad, ¿no te gustaría que ésa fuera tu mayor preocupación?

CÓMO PROTEGER TU FORTUNA DURANTE UN MERCADO EN BAJA

Ya diversifiques tus inversiones sirviéndote de la Pirámide de Inversiones del Millonario Automático, o usando un fondo compensado o un fondo de asignación de valores, la razón básica por la que debes hacerlo de una forma u otra es porque la diversificación puede proteger los ahorros de toda tu vida durante un mercado en baja. El gráfico de la página 142 muestra cómo la diversificación fue lo que salvó la situación inclusive durante el mercado horrible que vivimos entre 2000 y 2002. El gráfico muestra cómo una cartera de inversiones diversificada entre acciones, bonos y letras del Tesoro casi mantuvo su valor, mientras que la misma cantidad de dinero invertida en acciones solamente perdió casi la mitad de su valor durante el mismo período de tiempo. Si el temor de perderlo todo en una

VALOR DE UNA INVERSIÓN DE $10.000 EN EL MERCADO BAJISTA DE 2000–2002

Cartera de inversiones diversificada
Activos de capitalización grande

| | Mar. 2000 | Dic. 2000 | Dic. 2001 | Dic. 2002 |

Fuente: Ibbotson Associates. Cartera de inversiones diversificada: 25% del índice S&P 500; 25% de acciones de Ibbotson Small Co.; 25% de letras del Tesoro; 25% del índice Lehman Brothers Government/ Corporate. Cartera de inversiones no diversificada: índice S&P 500.

caída de la bolsa de valores es lo que te ha impedido comenzar un plan de jubilación, este gráfico debe hacerte confiar en que la diversificación es tu protección.

APRENDE SOBRE TUS OPCIONES DE INVERSIÓN

La Internet es un excelente recurso para tomar decisiones acerca de cómo invertir en tu 401(k) o en otros planes de jubilación. He aquí algunos sitios web que debes examinar. He resaltado algunas de sus características que más me gustan y que pueden ayudarte a escoger fondos.

ALGUNOS SITIOS WEB EXCELENTES PARA BUSCAR FONDOS MUTUOS, ACCIONES Y PLANIFICACIÓN FINANCIERA EN GENERAL

WWW.MORNINGSTAR.COM

Este es el sitio por donde empezar. Morningstar es la compañía que verdaderamente dio origen al concepto de clasificar los fondos mutuos. También creó el sistema de estrellas para calificarlos. Ve a la página principal de Morningstar y marca *"Mutual Funds"*. Luego marca en la sección llamada *"Fund Quickrank"*. Sólo para divertirte, comienza por ver en la pantalla *"U.S. Stock Funds"* por *"Total return %: 10 Year Annualized"*. Sólo tocar tres veces una tecla y ¡zas! tienes una lista de los fondos de Estados Unidos que mejor rendimiento tuvieron en los últimos diez años. Otra característica impresionante del sitio de Morningstar son sus informes sobre fondos, los que brindan una descripción general de prácticamente todo fondo existente, junto con un análisis detallado que es fácil de leer y de entender. También puedes investigar acciones individuales. Tienes que suscribirte a Morningstar para obtener sus evaluaciones detalladas, pero los resúmenes generales están disponibles sin costo alguno.

HTTP://FINANCE.YAHOO.COM

Yahoo ofrece un portal financiero de servicio verdaderamente completo, con análisis de acciones y fondos mutuos, seguimiento de carteras de inversiones, pagos de facturas en línea, pizarras de mensajes, investigación y mucho, mucho más. Yahoo te facilita obtener la información que necesitas rápidamente y gratis. Trata lo siguiente como si estuvieras probando un auto que vas a comprar. Visita este sitio y marca en "*Mutual Funds*". Luego marca en el seleccionador de fondos mutuos *(screener)*. Cuando te pida que le des cualificaciones *(qualifications)*, selecciona "*Any U.S. Stock Funds*", con más de cinco años de existencia, con una inversión inicial mínima de menos de $10.000, y una clasificación por rendimiento *(performance)*. ¡Zas! En cuestión de segundos, tendrás una larga lista de fondos que han generado un rendimiento medio de más del 10 por ciento al año. De ahí en adelante, puedes seleccionar para encontrar un fondo que cumpla tus requisitos específicos (como, por ejemplo, que requiera una inversión inicial de menos de $1.000). Esto es sólo un ejemplo de lo que este sitio puede hacer. Aquí hay una inmensidad de información gratis que puede ayudarte.

WWW.MFEA.COM

¿Estás buscando una lista rápida de fondos mutuos que te permitan invertir menos de $50 al mes? Ve al centro de fondos de este sitio web, donde encontrarás una larga lista de compañías de fondos mutuos donde los inversionistas pequeños son bienvenidos. También puedes hallar valiosa información educacional respecto a los beneficios de invertir en fondos mutuos y muchísimas herramientas gratis que te ayudarán a aprender más.

WWW.SMARTMONEY.COM

Este sitio fantástico, creado por los editores de la revista *Smart Money*, es fácil de usar y muy entretenido. Hay tantos artículos en este sitio que podrías pasar horas allí y no te alcanzaría el tiempo para verlo todo. Mi parte favorita de este sitio es la sección de Planificación Financiera Personal. También en esta parte hay una excelente sección sobre la planificación de la jubilación y muchísimas herramientas.

WWW.NYSE.COM

Éste es el sitio oficial de la Bolsa de Valores de Nueva York y contiene información detallada sobre todas las compañías listadas en la bolsa, así como información básica y excelente sobre cómo funciona la bolsa.

WWW.NASDAQ.COM

Éste es el sitio donde hay que ir para obtener cotizaciones a acciones en tiempo real, así como información detallada acerca de cualquiera de las más de 4.000 compañías listadas en el mercado de valores de NASDAQ.

USUARIOS DE AOL (PALABRA CLAVE EN AOL: DAVID BACH)

AOL Personal Finance es el principal sitio de finanzas personales en la Internet, y la visitan mensualmente millones de personas. Si eres usuario de America Online, ve a *"AOL Keyword: David Bach"*, donde hallarás un Programa para Entrenamiento de Dinero *(Money Coach Program)* que yo he creado junto con AOL para lograr que sea más fácil convertirse en un Millonario Automático.

¿TIENES MÁS PREGUNTAS SOBRE LAS CUENTAS DE JUBILACIÓN?

Cualquier pregunta que aún tengas acerca de las cuentas de jubilación, seguramente se contestará en uno de los dos enormemente útiles folletos que puedes obtener del Servicio de Rentas Internas (IRS). Ve a www.irs.gov y pide la Publicación #590 *(Individual Retirement Accounts)* y la Publicación #560 *(Retirement Plans for Small Business)*. Puedes descargar estos dos folletos directamente de la Internet.

Si no has ido al nuevo sitio del IRS, échale un vistazo. Contiene una asombrosa cantidad de información que puede ayudarte, y todo es gratis. Aunque te parezca mentira, el gobierno realmente quiere que ahorres dinero haciendo contribuciones preimpuestos a un plan de jubilación cualificado. Tú sólo tienes que saber cómo hacerlo. Si no tienes acceso a la Internet, puedes llamar gratis al IRS, al 1-800-829-3676, y solicitar los informes. Además, el IRS mantiene ahora líneas directas gratis donde puedes llamar para obtener ayuda. Para preguntas sobre impuestos, llama al 1-800-829-4059. Para información adicional sobre los servicios gratis del IRS, solicita la Publicación #910 *(Guide to Free Tax Services)*.

HAGAS LO QUE HAGAS,
HAZLO AUTOMÁTICO

Los McIntyre no se hicieron millonarios mediante la disciplina ni sentándose una vez cada dos semanas a firmar cheques para sus cuentas de jubilación. Ellos estaban tan ocupados y distraídos como tú lo estás. Si hubieran tenido que firmar un cheque cierto número de semanas, todavía estarían viviendo de cheque a cheque. Lo que les permitió alcanzar el estatus de millonarios fue la acción que tomaron para hacer AUTOMÁTICO su ahorro para el futuro. Así que si tu plan actual no es automático, tienes que cambiarlo.

Además, si no estás aportando al menos el 10 por ciento de tu ingreso a una cuenta de jubilación de impuestos diferidos, necesitas cambiar eso también. No te resignes a ahorrar el 4 por ciento de tu ingreso, como hace la mayoría de la gente. La mayoría termina, en su jubilación, dependiente del Seguro Social, los amigos y la familia para poder sobrevivir. Ahora tú tienes el conocimiento para lograr algo mejor. Así que hazlo mejor. Incluso si sientes que tienes que hacerlo poco a poco, hazlo.

La planificación para la jubilación puede ser tan fácil o tan difícil como tú decidas hacerla. Con lo que has aprendido hasta ahora, puedes hacerla realmente sencilla… y asombrosamente efectiva.

PASOS PARA TOMAR ACCIÓN DEL MILLONARIO AUTOMÁTICO

He aquí lo que debes hacer ya para asegurarte una jubilación libre de preocupaciones.

❏ Asegúrate de abrir una cuenta de jubilación en tu trabajo.

❏ Si no tienes un plan de jubilación en tu trabajo, abre una IRA.

❏ Si trabajas por cuenta propia, abre una SEP IRA o un One-Person 401(k)/Profit Sharing Plan.

❏ Decide cuánto vas a contribuir a tu cuenta cada mes (idealmente, la cantidad máxima permisible).

❏ Decide cómo quieres invertir tus contribuciones a la cuenta de jubilación.

❏ Sea cual sea el tipo de cuenta que abras, arregla las cosas para que tus contribuciones sean transferidas a ella AUTOMÁTICAMENTE, ya sea mediante deducciones del salario en tu trabajo, o mediante un plan de inversión automático administrado por el banco o la firma de corretaje donde has establecido tu cuenta de jubilación.

Ahora, vamos a aprender cómo comprarte seguridad financiera en caso de una situación de emergencia.

CAPÍTULO CINCO

AUTOMATIZA PARA "UN DÍA DE LLUVIA"

EL FACTOR DE DORMIR BIEN DE NOCHE

Si las acciones que tomas como resultado de leer este libro son decidirte a Pagarte a Ti Mismo Primero para tu futuro y *hacerlo automático,* estarás mucho mejor que gran parte de la gente. Después de todo, ¿cuántas amistades o conocidos tienes que pueden aguardar el futuro sabiendo que no tendrán ninguna preocupación monetaria en la tercera edad?

Pero, ¿hoy qué? ¿Cómo puedes conseguirte a ti mismo una seguridad financiera hoy?

Este capítulo contesta a dos preguntas básicas: ¿cuánto dinero debes apartar para protegerte para el famoso "día de lluvia" y dónde lo debes invertir?

Seamos sinceros. No importa lo bien que lo planifiques ni lo positivo que sea tu pensamiento, siempre hay cosas que no controlas que salen mal… a veces muy mal. La gente pierde su empleo, su salud, sus cónyuges. La economía puede entrar en crisis, el mercado de valores descender, las empresas se pueden declarar en bancarrota. Las circunstancias cambian. Si hay algo con lo que puedes contar es que la vida está llena de cambios imprevistos. Las cosas pasan.

Algunos se preocupan por el cambio, mientras otros se preparan. Como un Millonario Automático, tú te preparas. Así, cuando llegues a un bache, no tienes que hipotecar tu futuro —o utilizar tu dinero de Pagarte a Ti Mismo Primero— para afrontarlo.

He aquí una buena prueba que puedes tomar ahora mismo para determinar si estás listo para el tipo de cambios que la vida te puede lanzar (y que lanza).

LA PRUEBA DE "DORMIR BIEN DE NOCHE"

Mis gastos mensuales actualmente son: $_____

Actualmente tengo $_____ ahorrados en una cuenta de mercado monetario o cuenta corriente.

Esto equivale a _____ (escribir aquí la cantidad) meses de gastos.

Deja de leer. Busca una pluma o un lápiz y rellena los espacios en blanco para saber en qué situación te encuentras.

No te hace falta tu chequera para determinarlo. Sencillamente, calcula lo que crees que gastas cada mes, lo que tienes en el banco y cuántos meses de gastos tu saldo actual puede cubrir.

¿DORMIR TRANQUILO O LA PREOCUPACIÓN CON LA BANCARROTA?

¿Cómo te fue? ¿Cuántos meses de ahorros tienes actualmente?

Anteriormente, mencioné que según las cifras más recientes, el estadounidense promedio tiene ahorrados menos de tres meses de gastos. Con mi experiencia de asesor financiero, he descubierto que la mayoría ni tiene tanto. Probablemente tu vecino, el que conduce el automóvil alquilado y se bebe dos cafés latte al día, tiene menos de un mes de gastos ahorrado.

Cuando escribo esto, los Estados Unidos rompe todos los récords de declaraciones personales de bancarrota, con más de 1,5 millones en 2002. Y en el futuro, va a empeorar. Voy a predecir que no falta mucho para que los desahucios de viviendas personales también alcancen máximos históricos.

¿Por qué? La respuesta es fácil: sencillamente no mantenemos el mismo dinero de emergencia que nuestros padres y abuelos solían apartar. Al contrario, vivimos de cheque a cheque. En la mayor parte de las familias, es en realidad de dos cheques a dos cheques. (Casi tres de cada cuatro viviendas en los Estados Unidos son hogares con dos ingresos.) Si uno de esos cheques desaparece, la familia que depende de él se puede encontrar financieramente patas arriba en menos de seis meses.

TU OBJETIVO: PREPARAR UNA CESTA CON DINERO DE EMERGENCIA

Para asegurarte de que esto no te vaya a pasar nunca, te voy a enseñar cómo preparar una cesta de dinero de emergencia AUTOMÁTICAMENTE.

Mi abuela Bach me decía: "David, cuando las cosas se ponen duras, los duros tienen efectivo". En ésta como en tantas cosas más, ella sabía lo que decía. El dinero en efectivo manda. El efectivo es protección. El efectivo es una opción para decir "métase este trabajo donde quiera".

El efectivo es como el cinturón de seguridad que se abrocha cuando te pones detrás del volante de tu automóvil. Cuando vas conduciendo, no tienes pensado tener un accidente. Pero aun así, te abrochas el cinturón porque (1) alguien te puede chocar y (2) las cosas pasan.

Lo mismo pasa con el dinero. Quizá nunca pienses perder tu trabajo o convertirte en un discapacitado, ni en que se te queme la casa, pero, como he dicho, las cosas pasan. Siempre han pasado y siempre pasarán. Afortunadamente, eso no quiere decir que siempre tienes que estar preocupado. Hay una forma de estar protegido financieramente de las inseguridades de la vida. ¿Cómo? Rodeándote de un almohadón de dinero.

LAS TRES REGLAS DEL DINERO
DE EMERGENCIA

1. Decide cuánto dinero te hace falta.

Para ser un Millonario Automático de verdad, creo que te hace falta por lo menos un amortiguador de dinero en efectivo de por lo menos tres meses de gastos. Suma tus gastos mensuales, multiplícalos por tres, y ya has calculado tu objetivo para los ahorros de emergencia.

Si por lo general gastas $3.000 al mes, querrás tener por lo menos $9.000 en una cuenta de reserva que no se toca salvo en caso de emergencia. ¿Debes intentar ahorrar más? Por supuesto. En mis libros anteriores he sugerido apartar desde tres hasta veinticuatro meses de gastos, según tu situación. La cantidad que debes ahorrar depende de lo que creas que necesitas "para dormir bien de noche". Tres meses de gastos es un buen inicio, pero si quieres tener más, no dejes de hacer lo que creas que sea adecuado para ti.

Con tanta intranquilidad económica y política en el mundo, un año de gastos es un excelente objetivo. Con eso ahorrado, no tienes que preocuparte de hacer cuentas si pierdes tu trabajo y no encuentras otro por un buen rato. Más importante todavía, un almohadón de un año te da la libertad de tomar decisiones sobre tu vida que ahora quizá no te veas capaz de tomar, como irte del empleo que no te gusta para arriesgarte a empezar una profesión nueva.

2. No lo toques.

La razón por la cual mucha gente no posee nada de dinero de emergencia ahorrado es porque tienen lo que ellos consideran una emergencia todos los meses. Quiero que imagines que tu dinero de emergencia es como el extinguidor de incendios en la pared de un edificio de oficinas. La caja que contiene el extinguidor de incendios tiene un letrero que dice: "Romper en caso de incendios". No dice: "Romper si cree que huele humo". Considera que tu fondo de emergencia es lo mismo.

El letrero de instrucciones imaginario en tu fondo de emergencia no dice, "Romper en caso de necesitar un vestido nuevo para esa fiesta especial", ni "Romper en caso de que el palo de golf más nuevo esté de rebajas", ni "Romper en caso de que necesites un lavaplatos nuevo porque el antiguo ya está haciendo ruido". Dice: "No me toques salvo que sea una emergencia de verdad".

¿Qué es una emergencia de verdad? Sé sincero contigo mismo. Sabes lo que es una emergencia de verdad. Una emergencia de verdad es algo que amenaza tu supervivencia, no sencillamente tu deseo de estar más cómodo.

3. Ponlo en el sitio adecuado.

Una vez celebré un seminario en el que hablé sobre la importancia de tener dinero apartado en caso de emergencia. A mitad de conversación, un caballero llamado Bob, que estaba sentado en la parte de atrás de la habitación, levantó la mano.

—David —dijo—, tengo $60.000 en fondos de emergencia ahorrados. ¿Es suficiente?

—Eso depende —contesté—. ¿Cuánto gastas al mes?

—Unos $2.000 —contestó.

—O sea, que tienes ahorrados treinta meses de gastos —dije—. Ése es un fondo de emergencia ENORME bajo cualquier concepto. ¿Por qué tanto?

Bob sonrió un poco avergonzado.

—Bueno —dijo—, sabes, mi mujer y yo n
sobre la posibilidad de otra depresión económic
guerra. Mi mujer hasta se preocupa por las naves extr

La clase se empezó a reír.

—No, no —dije, tratando de que se callaran—. Recuer
se tiene un fondo de emergencia para dormir bien de noche.
tener sesenta meses de emergencia permite a Bob y a su esposa
que no les preocupen las naves extraterrestres, ésa es la cantidad
de ahorros adecuada.

Me volví donde estaba Bob.

—Cuéntame —continué—, ¿cuánto interés estás recibiendo
por ese dinero?

La respuesta de Bob me dejó frío.

—No estoy recibiendo ningún tipo de interés en el dinero —
dijo—. Lo tengo enterrado en mi jardín, dentro de una maleta.

Me le quedé mirando, incrédulo.

—¿Tienes $60.000 en efectivo enterrados en un maletín en tu
jardín?

—Bueno, son más bien como $65.000 —dijo—. También
hay algunas monedas de oro en el maletín.

En ese momento me quedé sin habla. En el silencio posterior,
alguien en la primera fila se dio la vuelta y le preguntó a Bob:

—Por curiosidad, ¿dónde vives exactamente?

La clase entera estalló a carcajadas. Fue uno de los momentos más graciosos que he vivido en un aula. La gente se rio durante unos cuantos minutos.

Aun así, sin embargo, la historia de Bob me intranquilizó. Sin duda que él no era el único que hacía algo así. No es que yo pensara que había mucha gente que tenía su dinero enterrado en maletas. Pero tenía que haber miles, inclusive millones de

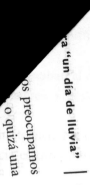

os preocupamos
o quizá una
terrestres.

den,
Si

para una emergencia sin re-
tan malo como lo que hizo

ningún interés por tu dinero
omo tenerlo enterrado en el

NO PERMITAS QUE LOS BANCOS SE HAGAN RICOS CON TUS AHORROS

A los bancos les encanta cuando la gente crea fondos de emergencia personales. Eso se debe a que la mayoría de la gente deposita su dinero para un "día de lluvia" en cuentas de ahorros y cuentas corrientes. ¿Por qué es esto un mal negocio? Porque la mayoría de las cuentas de ahorros y cuentas corrientes pagan muy poco interés, si acaso pagan algo. De hecho, la mayoría de estas cuentas hasta te pueden costar dinero a ti, con cargos mensuales, cargos por uso del cajero automático, cargos por cheques, por visitar la sucursal bancaria, etc.

El objetivo es que, sea lo que sea que hagas con tu dinero de emergencia, encuentres un banco fiable que se haga cargo del dinero y que también lo haga crecer. Lo que debes hacer con tu dinero de emergencia es abrir una cuenta de mercado monetario que pague un interés razonable.

Una cuenta de mercado monetario (*money market account*) es una de las opciones más fáciles y más seguras de que dispone cualquier persona que quiera apartar un poco de dinero para recibir un rendimiento aceptable. Cuando haces un depósito en una cuenta de mercado monetario, en realidad compras acciones en un fondo de mercado monetario, un fondo mutuo que invierte en los valores más seguros y líquidos disponibles: bonos del gobierno a muy corto plazo y, a veces, bonos empresariales de alta clasificación. Hace muy pocos años necesitabas unos $10.000 para abrir una cuenta de mercado monetario. Por eso, muchas personas todavía piensan erróneamente que estas cuentas son para los ricos. De hecho, la mayoría de las cuentas de mercado monetario pueden abrirse con un depósito mínimo de entre $1.000 y $2.000, y en algunos casos selectos, con apenas un dólar. Así es, sólo un dólar.

BUSCA UNA TASA COMO BUSCARÍAS UN AUTOMÓVIL

Hoy en día, se puede elegir literalmente entre miles de cuentas de mercado monetario, y como en todo lo demás, el precio y la calidad varían mucho. Por lo tanto, como si fueras a comprar un auto, no tengas miedo de comparar.

Quizá la variable más importante es la tasa de interés que abonan las diferentes cuentas de mercado monetario. No sólo hay una variación enorme de banco en banco, sino que las tasas pueden cambiar, y cambian a diario.

Desde el principio de la década de 1990, las tasas de interés en general han ido cayendo constantemente, y junto con ellas, las tasas abonadas por la mayoría de las cuentas de mercado monetario. En el mismo plazo, las he visto ir desde el 12 por ciento anual a un sólido 7 por ciento anual a principio de los 1990, hasta ir a parar a un famélico 1 por ciento en el momento en que escribo esto (a principios de 2003).

CÓMO AVERIGUAR LA TASA QUE ABONAN LAS CUENTAS DE MERCADO MONETARIO

Para echar un vistazo actualizado de las tasas disponibles, esto es lo que tienes que hacer.

1. Obtén una copia de una publicación financiera como *The Wall Street Journal, Investors Business Daily* o *Barron's.* Todas ofrecen listas extensas de las tasas de interés que abonan distintos fondos de mercado monetario. Una información similar (aunque no tan detallada) también se puede obtener en el diario *USA Today* o posiblemente hasta en tu diario local.

2. Si tienes acceso a la Internet, ve a www.bankrate.com. Este sitio no sólo te permite comparar las tasas de mercado monetario ofrecidas por distintas instituciones, sino que también indica el depósito mínimo exigido por cada una de ellas para abrir una cuenta. Además, te permite organizar los bancos por estado, lo cual es importante ya que algunos bancos ofrecen cuentas corrientes y de mercado monetario libres de impuestos, según el estado en que ellos estén y estés tú.

AHORA, LLAMA A TU BANCO

Una vez que tengas una idea de las tasas disponibles, estarás en una mejor posición para hacerle preguntas a la institución financiera que actualmente guarda tu dinero de emergencia. Si es un banco, llama por teléfono. Pregúntales qué tipo de interés recibe tu dinero. Si la respuesta es cero, pregunta si ofrecen cuentas de mercado monetario. Si las ofrecen, pregunta qué hace falta para abrir una y cuánto es el interés que pagan esas cuentas. Entonces compara esas tasas con lo que has visto en otros lados.

Basado en esta comparación, tal vez decidas que tiene sentido trasladar sencillamente los fondos de emergencia de la cuenta sin ningún o con poco interés en la que están ahora, a un fondo de mercado monetario en el mismo banco. Si esto es así, recuerda que todo lo que faltó para que tu dinero recibiera interés era que hicieras las preguntas correctas. ¿Por qué no te dio el banco esta información antes? ¿Por qué crees que no lo hizo? Por eso, la información es poder.

Recuerda, los ricos se vuelven más ricos porque ponen su dinero a trabajar para ellos. Ahora te toca a ti hacer lo mismo.

PARA UNA GANANCIA AÚN MEJOR, INVESTIGA LAS AGENCIAS DE CORRETAJE

En la mayoría de los casos, puedes obtener una cuenta de mercado monetario de mayor rendimiento en una agencia de corretaje que en tu banco local. Hay muchas agencias de corretaje de buena reputación que ofrecen cuentas de mercado monetario. La lista en las próximas páginas no es exhaustiva, pero es un buen comienzo, y casi seguramente contiene suficientes indicadores para que puedas tomar una decisión.

Cuando te pongas en contacto con una agencia de corretaje, pregúntales esto:

1. ¿Qué cantidad mínima se puede invertir?

2. ¿Puedo establecer un programa de inversión sistemático en el que me extraen dinero de mi cuenta corriente de manera regular para invertirlo en una cuenta de mercado monetario? (Asegúrate de que pueden hacerlo automáticamente).

3. Si establezco un plan de inversión sistemático, ¿me reducirán la cantidad mínima para invertir?

4. ¿Ofrecen cuentas respaldadas por el gobierno federal? ¿Qué tasas tienen sus cuentas de mercado monetario aseguradas en comparación con sus cuentas normales de mercado monetario?

5. ¿Tiene la cuenta privilegios para escribir cheques, y en tal caso, de qué monto mínimo puede ser el cheque? ¿Tiene una tarjeta de cajero automático? (Aunque no vas a utilizar tus cheques o tu tarjeta de cajero automático salvo en emergencias, es bueno tenerlos en caso de que necesites tener acceso rápido a tus fondos.)

6. ¿Cobra el banco un cargo de saldo bajo? (Algunas cuentas te cobran un recargo mensual o anual si te excedes del mínimo. Asegúrate de pedir detalles.)

LUGARES DONDE ABRIR UNA CUENTA DE MERCADO MONETARIO

He hecho una lista de bancos y agencias de corretaje según el depósito mínimo exigido para abrir una cuenta de mercado monetario. La lista comienza por el mínimo más pequeño y termina con el más grande.

ING Direct (no exige una cantidad mínima para invertir)
1-800-ING-DIRECT
www.ingdirect.com

Como mencioné anteriormente, ING Direct se está esforzando mucho para establecerse en los Estados Unidos. Una manera en la que están logrando esto es ofreciendo las tasas de mercado monetario más altas, *sin exigir una inversión mínima.* Lo que me gusta de ellos en particular es que se puede establecer una cuenta ING Direct en Internet y establecer que el dinero sea transferido a ella automáticamente desde tu cuenta corriente en tan sólo minutos sin tener que salir de casa. Si tienes alguna pregunta, los puedes llamar y te pueden orientar sobre el proceso por teléfono. Además de ofrecer las tasas más altas disponibles, ING Direct es una de las pocas instituciones financieras que tienen cuentas de mercado monetario respaldadas por el gobierno federal (FDIC). Esta cuenta se llama la *Orange Savings Account* (Cuenta de Ahorros Naranja) y, excepto porque no ofrece privilegios para escribir cheques, es un buen negocio.

Edward Jones (no exige una cantidad mínima para invertir)
1-314-515-2000
www.edwardjones.com

Edward Jones es una agencia nacional de corretaje que se enorgullece en trabajar de cerca con los inversionistas pequeños. Su exigencia de depósito mínimo es una de las más bajas de cualquier agencia nacional. Puedes abrir una cuenta de mercado monetario con ellos con sólo un dólar, pero a menos que inviertas $2.500, te cobrarán un honorario mensual de cuenta (pídeles detalles). Su cuenta de mercado monetario de servicio completo se llama *CFO Foundation Basics* e incluye una tarjeta de cajero automático. Esta cuenta permite el depósito directo de tu cheque salarial y planes de inversión sistemáticos en los cuales retiras fondos automáticamente de tu cuenta de cheques, o transfieres los fondos según un calendario establecido. Aunque no puedes abrir una cuenta en Edward Jones por la Internet, tienen más de 8.000 sucursales en los Estados Unidos donde te pueden atender en persona.

E*TRADE Bank (mínimo de $1.000)

1-800-ETBANK1

www.etrade.com

Cuando visites el sitio web de E*TRADE, asegúrate de hacer clic en E*TRADE Bank para recibir información sobre la cuenta *E*TRADE Bank Money Market Account Plus*. La cuenta de mercado de dinero de E*TRADE Bank exige un depósito de apertura mínimo de $1.000, pero permite el uso ilimitado del cajero automático y te permite escribir tres cheques personales al mes. También puedes programar un depósito directo de tu cheque salarial. Además, tus fondos están respaldados por el FDIC hasta la cantidad de $100.000. Si tu saldo es inferior a $1.000, ten cuidado, recibirás un recargo de $10. Aun así, ésta es una de las cuentas de mercado monetario con un mínimo bajo que se pueden establecer más fácilmente por la Internet o por teléfono.

Morgan Stanley (mínimo de $1.000)

www.morganstanley.com

Morgan Stanley, una de las agencias de corretaje con servicios completos más grandes del mundo, ofrece una gama completa de servicios corretaje que incluye numerosas clases de cuentas de mercado monetario. Con un depósito mínimo de $1.000 puedes establecer una cuenta de mercado monetario sin privilegios para escribir cheques. Para poder escribir cheques, tienes que depositar $5.000. A este nivel, puedes abrir la cuenta de servicios completos totales de Morgan Stanley, *Active Assets Account* o *AAA* (Cuenta de Valores Activos). Esta cuenta ofrece la posibilidad de escribir cheques sin límite, una tarjeta de cajero automático, corretaje de servicio completo, informes consolidados y un maravilloso sumario de fin de año que refleja todas las transacciones del año. También puedes establecer un depósito directo automático o un plan de inversión sistemático con esta cuenta. La mayoría de las agencias de corretaje de servicio completo ofrecen cuentas similares, pero los depósitos mínimos son típicamente $10.000 (Morgan Stanley solía pedir esto, pero lo redujeron). Para abrir una cuenta con Morgan Stanley, tienes que visitar una de sus sucursales. En su sitio web puedes encontrar una sucursal local, o consulta la guía de teléfonos.

Fidelity Investments (mínimo de $2.500)
1-800-FIDELITY
www.fidelity.com

Fidelity es uno de los principales proveedores de fondos mutuos y de cuentas de corretaje por la Internet, y también tiene muchas sucursales que puedes visitar para recibir consejos y tramitar tus cuentas. Fidelity ofrece numerosas cuentas de mercado monetario. Con sólo $2.500, puedes abrir una cuenta básica de mercado monetario que permite escribir cheques. Te pueden enviar las planillas para abrir esta cuenta, o puedes visitar una sucursal para hacerlo en persona. También permiten los depósitos directos y pueden aceptar un plan de inversión sistemático.

Vanguard (mínimo de $3.000)

1-877-662-7447

www.vanguard.com

Vanguard es conocido por ofrecer una de las cuentas de mercado monetario de menor costo y mayor rendimiento. Con un depósito inicial de $3.000, puedes abrir una cuenta básica de mercado monetario que te permite escribir cheques en montos de $250 o más. Vanguard también permite el depósito directo de tu cheque salarial y puede ayudarte a establecer un plan de inversión automático para el cual retiran fondos de tu cuenta corriente. Puedes establecer esta cuenta por la Internet o por correo.

Charles Schwab (mínimo de $10.000)

1-866-855-9105

www.schwab.com

Charles Schwab tiene oficinas en todas partes del país y un sitio de Internet fácil de usar. Sin embargo, el mínimo para abrir aquí una cuenta de mercado monetario es muy alto. Necesitas efectuar un depósito inicial de $10.000 para abrir una cuenta de corretaje.

JUEGA SIN RIESGOS

Históricamente, las cuentas de mercado monetario son consideradas entre las inversiones existentes más seguras, prácticamente a la par de los certificados de depósito bancarios. Al escribir esto, sin embargo, las tasas de interés están en uno de los niveles más bajos de la historia, y si se quedan así durante un tiempo, los bancos y agencias de corretaje que las ofrecen pueden descubrir que es más y más difícil ganar dinero de ellas.

Por esto, recomiendo encarecidamente invertir sólo en cuentas de mercado monetario radicadas en instituciones financieras reconocidas y establecidas. Siempre pregunta cuánto tiempo ha existido el fondo, qué tipo de rendimiento anualizado genera, y cuál es la proporción de gastos (o sea, cuánto le cuesta a la institución administrar el fondo). Para protegerte de verdad, quizá te convendría tener una tasa de interés baja y abrir una cuenta de mercado monetario que esté respaldada por el gobierno federal.

ESCÁPATE DE LOS MÍNIMOS

Muchas agencias de corretaje te pueden decir que para abrir una cuenta de mercado monetario con ellos, tienes que hacer un depósito inicial de por lo menos $2.000. Si esto te parece muy alto, no te rindas; suele haber siempre una salida. Pregunta a la agencia si ofrecen un fondo de mercado monetario que acepta inversiones sistemáticas. La mayoría las acepta, y en general, mientras firmes una carta expresando tu conformidad con efectuar inversiones mensuales con regularidad, te permitirán abrir una cuenta de corretaje para invertir en un fondo de mercado monetario con un mínimo de hasta $100. (Considera, sin embargo, que si abres una cuenta con estas características, generalmente no recibirás privilegios para escribir cheques ni una tarjeta de cajero automático.)

AHORA, AUTOMATÍZALO

Al final, querrás tener tu fondo de emergencia separado de tu cuenta corriente. Aunque puedes meter tu cuenta de emergencia en la misma cuenta que utilizas para pagar tus cuentas, no deberías hacerlo. Cuando pones tu dinero para gastos cotidianos en el mismo sitio en que depositas tu dinero de emergencia, es demasiado fácil meter la mano en ese fondo "para un día de lluvia" y tomar dinero para pagar los gastos. Y casi sin que te des cuenta, tu fondo de emergencia habrá desaparecido. Por eso yo haría lo siguiente.

TU FONDO DE EMERGENCIA, PASO A PASO

1. Utilizando las listas de arriba y tu propia investigación, selecciona un banco o una agencia de corretaje que ofrezca buenas tasas para cuentas de mercado monetario. Si tienes más de $1.000 para depositar, debes buscar una cuenta de mercado monetario que ofrezca tanto privilegios de escribir cheques como una tarjeta de cajero automático. (Pero recuerda, úsalos sólo en caso de emergencia.) Si no tienes tanto dinero, entonces abre una cuenta de mercado monetario sin la opción de poder escribir cheques.

2. La mejor forma de hacer crecer tu cuenta de emergencia es HACERLA AUTOMÁTICA. Para lograr esto, primero fíjate si tu trabajo te permite hacer un depósito directo de

tu cheque salarial. (Una vez más, lo único que tienes que hacer es ponerte en contacto con el departamento de beneficios de tu empresa y preguntarle si ofrecen depósito directo del cheque salarial.) Si lo permite, puedes acordar que depositen todo o parte de tu cheque salarial en el lugar que quieras. Lo único que necesitan es tu número de cuenta.

3. Decide cuánto vas a ahorrar todos los meses. Mi sugerencia es que te esfuerces en poner al menos 5 por ciento de tu sueldo neto todos los meses. Tu empresa probablemente te pedirá que especifiques una cifra exacta; entonces calcúlala y diles cuál es.

4. Si tu empresa no efectúa depósitos directos en tu cuenta de mercado monetario, haz los arreglos necesarios para que tu cuenta corriente acredite automáticamente tu cuenta de mercado monetario. Hay dos formas de hacer esto. O le das instrucciones al banco donde tienes tu cuenta corriente para que transfiera una cifra específica cada dos semanas a tu cuenta de mercado monetario, o puedes dar instrucciones al banco o agencia de corretaje que tiene tu cuenta de mercado monetario para que hagan lo que se llama un retiro de fondos sistemático de tu cuenta corriente, con el cual se retira el dinero automáticamente de tu cuenta corriente en un día específico de cada mes y se transfiere a tu cuenta de mercado monetario. De cualquier manera, todo está automatizado completamente y en la mayoría de los casos, será posible hacer los arreglos a través de la Internet.

¡PERMITE QUE EL GOBIERNO TE AYUDE!

Quiero contarte una forma más que es verdaderamente segura y fácil para automatizar tu fondo de emergencia. El gobierno ahora ha facilitado increíblemente la compra de bonos de ahorro por la Internet. Si buscas una inversión segura para tu dinero, respaldada con toda la fe y el crédito del gobierno de los Estados Unidos, puedes considerar invertir en los bonos de ahorro de este país.

VISITA WWW.TREASURYDIRECT.GOV

El sitio de Internet del gobierno, www.treasurydirect.gov, ofrece una forma increíblemente fácil de invertir automáticamente al menos $50 al mes en dos tipos de bonos de ahorro de Estados Unidos: los Bonos I y los Bonos EE, también conocidos como los Bonos de Inflación y los Bonos *Patriot*. Puedes encontrar las tasas correspondientes a estos bonos si visitas ese sitio y haces clic en las partes que dicen "For EE/E Bond Investors" y "For I-Bond Investors".

TODO SOBRE LOS BONOS DE INFLACIÓN

Los Bonos I también son conocidos como bonos de inflación (*inflation bonds*), porque su tasa de rendimiento está vinculada a la inflación. El rendimiento se calcula como la combinación de una tasa fija de rendimiento y una tasa semianual basada en el índice de precios al consumidor, o sea, que si se presenta nuevamente una situación inflacionaria, el rendimiento de estos bonos aumenta... y te protege de quedarte estancado con una tasa baja. (A principios de 2003, la tasa de interés para los bonos I era del 4,66 por ciento.)

Otras características de los Bonos I:

- La compra mínima es de sólo $50. (Lo máximo que puedes comprar en un año es $30.000.)
- El interés suele ser añadido mensualmente.
- Los Bonos I se venden por su precio nominal. Esto significa que para comprar $100 de Bonos I, te harán falta $100.
- Acumulan interés hasta por treinta años.
- Puedes vender un Bono I después de un año, pero si lo vendes antes de los cinco años, serás penalizado con tres meses de interés. (Esto puede parecer una penalidad enorme, pero debido al buen rendimiento de estos bonos, no lo es.)

TODO SOBRE LOS BONOS *PATRIOT*

Los Bonos EE, también conocidos como Bonos *Patriot*, son bonos de ahorro emitidos después del ataque terrorista del 11 de septiembre. Su tasa se calcula como el 90 por ciento del medio semestral del Rendimiento de Bienes Comerciables del Tesoro. Esto parece complicado, pero todo lo que significa es que pagarán el 90 por ciento del rendimiento que obtendrías de una emisión de cinco años del Tesoro. A principios de 2003, la tasa del Bono EE era del 2,66 por ciento.

Características de los Bonos *Patriot*:

- El interés se añade mensualmente y se compone semianualmente.

- Los Bonos EE se venden al 50 por ciento de su precio nominal. Esto significa que si compras $100 en Bonos *Patriot*, en realidad sólo te han costado $50. Cuando maduren al cabo de los treinta años, los puedes liquidar por su precio nominal total de $100.
- Puedes vender un Bono EE después de un año, y al igual que el Bono I, si lo vendes antes de los cinco años, perderás los últimos tres meses de intereses que acumulaste en el bono.

COMO AUTOMATIZAR LA COMPRA DE BONOS DE AHORRO

El gobierno ha facilitado bastante la automatización de tu compra de bonos de ahorro. Sencillamente, visita www .savingsbond.gov y haz clic en el botón de *"Easy Saver Plan"* (Plan de Ahorro Fácil) en la parte superior de la página. Esto te llevará a una página que explica cómo establecer un plan de compra automática de bonos de ahorro de los Estados Unidos.

El hecho es que el Plan de Ahorro Fácil del gobierno está hecho a la medida de los Millonarios Automáticos. Entre otras cosas, te permite:

- comprar bonos con un débito automático de tu cuenta corriente o tu cuenta de ahorros personal, o utilizar una deducción de salario, si tu compañía lo ofrece;
- establecer la cuenta por la Internet en cuestión de minutos (o, si quieres, descargas los formularios para rellenarlas y luego los envías por correo o por fax);
- utilizar una tarjeta de crédito para comprar bonos por la

Internet las veinticuatro horas del día, siete días a la semana. (No recomiendo esta opción, pero está disponible.)

DE CUALQUIER MANERA, TÚ GANAS

Te puedes estar preguntando: "¿Dónde debería poner mi dinero de emergencia: en una cuenta de mercado monetario o en bonos de ahorro del gobierno?". Ambos tienen ventajas. Las cuentas de mercado monetario tienen más liquidez (lo cual quiere decir que puedes tener acceso al dinero más fácil y rápidamente, sin tener que pagar una penalidad.) Pero, al menos por ahora, los bonos de ahorro rinden una tasa de interés más alta (porque son considerados inversiones a plazo más largo que las cuentas de mercado monetario) y resulta muy fácil comprarlos automáticamente con un depósito inicial muy pequeño. Para la mayoría de la gente, tener ambos es una gran opción.

¿QUÉ PASA SI ESTOY ENDEUDADO?

Si tienes deudas con tarjetas de crédito, el orden de las cosas que haces tiene que cambiar. Recomiendo a la gente que tenga grandes saldos de tarjetas de crédito que ahorren solamente un mes de gastos en su cuenta de seguridad, y que entonces se centren en pagar sus deudas. ¿Por qué? Porque no tiene sentido tener dinero que recibe un 1 por ciento en una cuenta de mercado monetario mientras pagas un 20 por ciento en tu deuda de tarjeta de crédito.

Un poco más adelante en este libro encontrarás un capítulo sobre la deuda de las tarjetas de crédito. Cuando lo termines de leer, sabrás cómo reducir la tasa de interés de tus tarjetas de crédito más rápidamente —y salir de la deuda antes— que la mayoría de la gente.

Pero primero averigüemos el verdadero secreto para acabar rico cuando todavía eres joven: ser propietario de una vivienda.

PASOS PARA TOMAR ACCIÓN DEL MILLONARIO AUTOMÁTICO

Repasando los pasos que hemos establecido en este capítulo, esto es lo que debes estar haciendo en este momento para asegurar tu propia seguridad financiera automática.

❑ Decide que vas a construir un almohadón de emergencia de dinero en efectivo (idealmente, tres meses o más de gastos).

❑ Decide que vas a recibir intereses en tus ahorros (en lugar de permitir que los bancos se hagan ricos a tu costa).

❑ Abre una cuenta de mercado monetario para una situación de emergencia o establece una cuenta de emergencia al invertir en bonos de ahorro de Estados Unidos.

❑ Haz AUTOMÁTICO tu fondo para ese "día de lluvia" y déjalo crecer hasta que tu almohadón de emergencia sea lo suficientemente grande para que te sientas seguro.

YA CASI HAS TERMINADO

Tal vez parezca difícil de creer, pero una vez que has hecho tu futuro automático y que has automatizado todo para estar preparado en caso de una situación de emergencia, estarás cerca de tener todo tu plan financiero en piloto automático.

¡Imagínate que nunca más te tengas que preocupar por el dinero! Bueno, eso es lo que supone ser un Millonario Automático. Y es en eso que te vas a convertir.

CAPÍTULO SEIS

DUEÑO DE TU VIVIENDA, SIN DEUDAS Y AUTOMÁTICAMENTE

De todos los secretos para alcanzar la seguridad financiera de la que hablo en este libro, hay tres que se destacan por su importancia y efectividad. El primero es decidirte a Pagarte a Ti Mismo Primero el 10 por ciento de tu ingreso preimpuestos. El segundo es Hacerlo Automático. Y el tercero es…

COMPRA UNA VIVIENDA Y PÁGALA AUTOMÁTICAMENTE

En este capítulo vamos a examinar por qué debes ser dueño de tu propia vivienda, y más importante aún, cómo puedes pagar esa vivienda automáticamente de manera que puedas quedar libre de deudas antes de que estés demasiado viejo para disfrutarlo.

Así que vamos a empezar.

Seas joven o viejo, te conviene ser propietario del lugar donde vives. ¿Por qué? Es sencillo. **Si pagas alquiler, no vas a hacerte rico.** Como expresa el antiguo dicho, el casero se hace rico y el inquilino se queda pobre.

Piensa en eso. Como inquilino, puedes fácilmente gastar medio millón de dólares o más en alquiler a lo largo de los años ($1.500 al mes durante treinta años suman $540.000), y al final estarás donde mismo empezaste: sin ser dueño de nada. O puedes comprar una casa y gastar la misma cantidad para ir amortizando una hipoteca, y al final acabarás siendo dueño de tu propio hogar, ¡sin deudas de ninguna especie!

El hecho es que no vas a participar en el juego de crear riqueza hasta que seas dueño de alguna propiedad de bienes raíces.

PRIMERO, DEBES SER TU PROPIO CASERO

Estudio tras estudio ha mostrado que las personas que son propietarias de sus viviendas terminan con un patrimonio neto promedio muchas veces mayor que quienes alquilan casa o apartamento. Según una encuesta sobre las finanzas de los consumidores publicada por la Reserva Federal en enero de 2000, el patrimonio neto promedio de quienes alquilan era de $4.200, frente a los $132.000 de los dueños de vivienda. En otras palabras, ¡los propietarios eran más de 31 veces más ricos que quienes alquilan!

Pero aún más importante que el dinero es la sensación que produce ser propietario. Cuando eres dueño de tu vivienda, tienes la seguridad que da saber que estás acumulando valor líquido (*equity*) y viviendo en un lugar que te pertenece. No estás a la merced de un dueño que puede aumentarte el alquiler o desahuciarte.

Por lo tanto, si en estos momentos estás alquilando, comprar un lugar para vivir (ya sea una casa o una unidad de condominio) tiene que convertirse en una prioridad para ti. Pero, ¿puedes realmente comprar una vivienda y liquidar su hipoteca de una forma automática y fácil? La respuesta es "sí", y este capítulo te enseñará cómo.

SER DUEÑO DE UNA VIVIENDA LIBRE DE DEUDAS PUEDE SER FÁCIL

Cuando conocí a Jim y Sue McIntyre, un aspecto de su relato que me impresionó sobremanera fue lo mucho que se beneficiaron de comprar una casa y liquidar su hipoteca antes de tiempo. Si recuerdas, ellos compraron su primera vivienda cuando eran todavía relativamente jóvenes, y sólo acelerando ligeramente sus pagos lograron liquidar completamente su hipoteca de treinta años en menos de veinte. En ese momento, arrendaron su primera casa para obtener ingreso y compraron otra vivienda, la cual también pagaron en menos de veinte años.

Cuando los McIntyre tenían poco menos de cincuenta y cinco años, ya eran dueños de dos casas completamente libres de deudas. Como resultado de esto pudieron retirarse antes de tiempo, sin deudas, con cerca de un millón de dólares en valor líquido de propiedades inmobiliarias y buenos ingresos.

Todos deberíamos tener ese tipo de vidas. ¡Y lo cierto es que podemos! He aquí cómo.

PASO UNO: COMPRA UNA VIVIENDA

¿Así que quieres ser millonario? Como dije antes, sólo hay tres cosas que realmente necesitas hacer: (1) decide Pagarte a Ti Mismo Primero el 10 por ciento de lo que ganas, (2) *hazlo automático,* y (3) compra una vivienda y págala antes de tiempo.

Si crees que esto no es todo, estás en lo cierto. Tienes que saber bien cómo hacer estas cosas. Como ya hemos visto, cuando se trata de Pagarte a Ti Mismo Primero, tienes que automatizar el proceso y hacer tus inversiones con dólares que todavía no hayan sido sometidos a impuestos. Es igual cuando se trata de comprar una vivienda: necesitas saber bien cómo pagar por ella de manera que no malgastes una fortuna en su financiación. Muy pronto vamos a tratar esto en detalle. Pero primero, vamos a analizar por qué comprar una vivienda es tan buen negocio.

SEIS RAZONES POR LAS CUALES LAS VIVIENDAS SON EXCELENTES INVERSIONES

Existen realmente innumerables razones por las que las casas y condominios son excelentes inversiones. Éstas son las seis principales.

1. Se ahorra a la fuerza.

A pesar de que los medios de prensa puedan darnos una impresión contraria, muy pocas personas llegan a perder sus viviendas debido a juicio hipotecario *(foreclosure)*. Según la Asociación de Banqueros de Hipotecas de Estados Unidos, los bancos llevan a juicio hipotecario y reposesión de la vivienda a menos del 1,5 por ciento de las personas que pagan una hipoteca residencial. Eso se debe a que los propietarios de viviendas harán todo lo que esté de su parte para no perder sus hogares. Así que una manera de considerar la propiedad de una vivienda es como una especie de programa de ahorros a la fuerza, en el cual, para poder mantener la propiedad de tu hogar, debes hacer una contribución mensual (en forma de un pago hipotecario) a una de las mejores inversiones que existen: el valor líquido que acumula esa propiedad.

2. Apalancamiento.

Una de las tácticas financieras más efectivas que usan los negociantes más astutos es algo que se llama apalancamiento *(leverage)*, que consiste en usar dinero prestado para multiplicar tus ganancias potenciales. Cuando compras una vivienda, tú también puedes participar en el negocio del apalancamiento o *leverage*.

Así es como funciona. Digamos que estás comprando una casa por $250.000 con una entrada del 20 por ciento. Esto significa que aportas $50.000 de tu propio dinero y pides prestados $200.000 a un banco. Como lo que tú realmente has aportado es sólo una quinta parte del precio de compra, tienes un apalancamiento de cinco a uno. Digamos ahora que el valor de la casa aumente en los próximos cinco años a $300.000. Ya que tú sólo aportaste $50.000, el aumento de $50.000 en el valor de la casa significa que has duplicado eficazmente tu dinero. Este es el poder que tiene el apalancamiento.

A lo largo de los últimos cinco años, muchas viviendas han duplicado su valor. Considera lo que esto significa en términos de apalancamiento. Si invertiste $50.000 en una casa de $250.000 hace cinco años y ahora vale $500.000, has ganado $250.000 a base de una inversión de $50.000. En el mundo de las inversiones, esto es lo que se llama en inglés un *five-bagger* (un paquete de cinco): un asombroso rendimiento del 500 por ciento de tu dinero.

3. E.D.A.

E.D.A. son las siglas de "el dinero ajeno". Esta frase se escucha con frecuencia entre los inversionistas astutos. Anteriormente hablamos de cómo, en vez de trabajar por su dinero, los ricos ponen su dinero a trabajar para ellos. Pues bien, lo que *realmente* hace la gente rica no sólo es poner su dinero a trabajar para ellos, sino que también ponen el dinero de otros a trabajar para ellos. Cuando compras una vivienda, tú haces precisamente eso: usas el dinero del banco para enriquecerte. Entretanto, tu dinero puede estar trabajando para ti por otro lado; por ejemplo, acrecentándose por medio del interés compuesto en una cuenta de jubilación.

4. Ventajas de impuestos.

Al permitirte deducir el costo del interés que pagas por tu hipoteca (hasta un máximo de $1 millón), el gobierno te proporciona un enorme incentivo para convertirte en dueño de una vivienda. Mientras más alto sea el nivel impositivo en que estás, más te ayuda el gobierno a comprar un hogar. Si estás en el nivel del 30 por ciento, básicamente el gobierno está subvencionando casi un tercio de tus pagos hipotecarios (sobre todo en los primeros años, cuando la mayoría de tu pago mensual se dirige a pagar los intereses).

5. Orgullo de ser propietario.

Cuando eres dueño de tu propia casa o apartamento, eres dueño de un trozo del sueño americano. Siembras tus raíces, te conviertes en parte de una comunidad y disfrutas la sensación de orgullo que da la propiedad. Esto es más que un sentimiento cálido e indefinible; es algo que les da a tus seres queridos y a ti un verdadero sentido de seguridad.

6. Los bienes raíces han demostrado ser una inversión excelente.

Para la mayoría de las personas, la mejor inversión que han hecho en sus vidas es su vivienda. (Pregúntaselo a tus padres, si es que ellos son propietarios de su casa.) Pero, ¿sigue siendo así? A medida que los precios de las propiedades inmobiliarias subían de manera consistente entre finales de los años 90 y principios del siglo XXI, algunas personas comenzaron a preocuparse de que estuviéramos atravesando una "burbuja" de bienes raíces, parecida a la subida injustificada de precios que vimos con las acciones de los "dot.com". Pero las casas no son acciones. No se comercian en una bolsa de valores. No puedes comprarlas y venderlas apretando el ratón de la computadora. Sí, el valor de los bienes raíces se ha disparado y, sí, ha habido algunos años malos y algunas épocas malas. Pero las malas épocas siempre han sido pasajeras. A largo plazo, los precios inmobiliarios casi siempre aumentan, y comprar una vivienda casi siempre acaba siendo un buen negocio. Según las estadísticas mantenidas por la Asociación Nacional de Agentes Inmobiliarios, nunca ha habido una burbuja *nacional* de bienes raíces. Es más, desde 1968 (cuando ellos empezaron a llevar la cuenta) las inversiones en bienes raíces han dado un rendimiento anual medio del 6.3 por ciento.

¿Y QUÉ HACER CON LA ENTRADA?

La razón principal por la que las personas aplazan la compra de una propiedad es porque piensan que no tienen el dinero para ello. La mayoría de las veces están equivocadas.

A los dueños potenciales los asusta, sobre todo, el dinero que hay que dar de entrada. A menudo la gente cree que tienen que buscar miles, o acaso decenas de miles, de dólares en efectivo para poder conseguir una hipoteca. Esto, sencillamente, no es cierto. Hay todo tipo de programas patrocinados por urbanizadores, prestamistas y hasta por el gobierno que pueden facilitar a quienes van a adquirir su primera vivienda financiar hasta un máximo del 95, el 97 e incluso el 100 por ciento del precio de compra. Si bien pedir prestado tanto dinero puede ser un riesgo (si acaso no pudieras hacer los pagos mensuales), también es una manera de salir de una vivienda alquilada e irte a vivir a tu propia casa mucho más rápidamente que si ahorras el dinero suficiente para aportar una entrada considerable.

HAY MILES DE MILLONES DE DÓLARES DISPONIBLES PARA AYUDARTE A COMPRAR

En 2002, el Presidente George W. Bush anunció la meta de aumentar la cantidad de propietarios de viviendas en los Estados Unidos en 5,5 millones durante los próximos ocho años. Para hacer esto posible, el gobierno ha separado miles de millones de dólares para ayudar a pagar sus entradas a quienes van a comprar su primera vivienda. Además, el gobierno también está creando productos que reducir el costo total de las hipotecas de los nuevos propietarios.

AGENCIAS Y COMPAÑÍAS QUE PUEDEN AYUDARTE A COMPRAR UNA VIVIENDA

Departamento de Vivienda y Desarrollo Urbano de EE.UU.
(U.S. Department of Housing and Urban Development—HUD)
www.hud.gov

HUD tiene la misión de crear oportunidades que faciliten la compra de viviendas. Con este objetivo, ofrece todo tipo de ayuda a los futuros propietarios, tales como donaciones para ayudar a la compra de su primer hogar. Si tú nunca has comprado una casa o apartamento, ¡visita este sitio web! Allí encontrarás una gran cantidad de recursos sobre cómo comprar, qué tipo de ayuda HUD ofrece y qué requisitos necesitas satisfacer para recibir ayuda. Hasta puedes conversar en línea con un representante de la agencia, y te pueden referir a un asesor de vivienda en la zona donde vives.

Agencias Financieras del Consejo Nacional de Viviendas del Estado

(National Council of State Housing Finance Agencies—NCSHA)
www.ncsha.org

Si vas a comprar una vivienda por primera vez, puede que cumplas los requisitos para participar en programas estatales especiales de préstamos, creados específicamente para ayudar a personas como tú. El sitio web del NCSHA contiene enlaces con agencias de financiamiento de viviendas en todos los estados, muchas de las cuales ofrecen programas que te permiten comprar una vivienda con una entrada de menos del 5 por ciento. Cuando vayas a este sitio, marca la lista de miembros, luego marca tu estado para obtener información sobre tu agencia local de financiamiento de viviendas. Llama a la agencia directamente y diles que quieres comprar tu primera vivienda y que buscas un banco en tu zona que participe en el programa estatal de préstamos para viviendas.

Fannie Mae

1-800-832-2345
www.fanniemae.com

La Asociación Federal de Hipotecas Nacionales *(Federal National Mortgage Association)*, también conocida como Fannie Mae, es una compañía privada que opera bajo un privilegio congresional para aumentar la disponibilidad y costeabilidad de la propiedad de viviendas para estadounidenses de ingresos bajos, moderados y medios. Desde 1968, Fannie Mae ha ayudado a 43 millones de familias a realizar el sueño de ser dueñas de su propio hogar. En 2002, creó lo que llama el Compromiso con el Sueño Americano, un programa que brindará $2 millones de millones en fondos a lo largo de la próxima década para poder aumentar en 18 millones de nuevas familias el número de propietarios de viviendas en los Estados Unidos. Fannie Mae no presta dinero en sí; lo que hace es proveer el financiamiento que permite que los bancos presten el dinero a los consumidores. También ofrece informes GRATIS que seguramente te van a ser de gran utilidad. *Opening the Door to a Home of Your Own, Choosing a Mortgage, Knowing Your Credit* y *Borrowing Basics* están disponibles con sólo pedirlos. Sólo llama al 1-800-688-4663 y te enviarán una o todas esas publicaciones. Además, échale un vistazo a www.homepath.com, un sitio relacionado con Fannie Mae que contiene una sección fácil de usar para el consumidor, *"For Home Buyers & Homeowners"*, con información útil sobre cómo convertirte en un propietario de vivienda y cómo encontrar un prestamista, así como otros recursos.

Freddie Mac
1-800-373-3343
www.freddiemac.com

Desde 1970, Freddie Mac (es decir, la Corporación Federal de Préstamos Hipotecarios para Viviendas o *Federal Home Loan Mortgage Corporation*) ha financiado 26 millones hogares en los Estados Unidos, uno de cada seis construidos desde que esa entidad se inauguró. Freddie Mac no le presta dinero a los consumidores, sino que brinda el financiamiento que permite a las instituciones ofrecer préstamos que los futuros dueños puedan pagar. Vale la pena visitar el sitio web de Freddie Mac, sobre todo la sección dedicada a los compradores de viviendas (en www.freddiemac.com/homebuyers), donde hallarás una magnífica herramienta llamada *"The Road to Home Ownership"*. Freddie Mac también tiene un sitio web relacionado en www.homesteps.com, diseñado para ayudar a quienes compran casa por primera vez a encontrar una vivienda a muy buen precio, y a obtener la aprobación de un préstamo en un solo paso fácil. Esto lo logra con una lista de subastas de propiedades llevadas a juicio hipotecario *(foreclosure)* en toda la nación, y ofrece información acerca de programas de préstamos que permiten a futuros dueños comprar propiedades llevadas a juicio hipotecario con un mínimo del 5 por ciento de entrada.

PROGRAMAS DE PRÉSTAMOS QUE DEBES CONSIDERAR

PRÉSTAMOS FHA

La Administración Federal de Vivienda *(Federal Housing Administration—FHA)* es una agencia que es parte de HUD y que provee seguro hipotecario a los prestamistas, con lo que les brinda la seguridad de prestar dinero a nuevos compradores de vivienda, quienes, si no fuera por eso, podrían tener dificultades para que los aprueben para recibir un préstamo. En muchos casos, los préstamos de la FHA pueden cubrir hasta el 97 por ciento del precio de compra, y pueden usarse para comprar una segunda o tercera vivienda. Para obtener uno, tienes que trabajar con un prestamista que tenga aprobación para hacer préstamos de la FHA. Si quieres más información, ve a www .fhaloan.com. Este sitio web no está administrado por la FHA, pero es buen punto por donde comenzar. (Para recibir referencias de prestamistas aprobados por la FHA en tu zona, visita el sitio web de HUD, www.hud.gov.)

PRÉSTAMOS PARA VETERANOS

El Departamento para Asuntos de Veteranos de EE.UU. *(U.S. Department of Veteran Affairs)* tiene un programa que garantiza préstamos hipotecarios hechos a veteranos de las fuerzas armadas de los Estados Unidos. Ese departamento ofrece préstamos a quienes compran casa por primera o por segunda vez. Además de visitar el sitio web del departamento en www.va.gov, donde encontrarás un centro de recursos y referencias a prestamistas aprobados por ese departamento, tal vez te convendría echarle un vistazo al www.valoans.com. No está dirigido por el Departamento para Asuntos de Veteranos, pero de todos modos resulta muy útil.

PRÉSTAMOS DE BONOS ESTATALES

La mayoría de los estados ofrecen programas de bonos individuales diseñados para ayudar a quienes compran casa por primera vez. Pregúntale los detalles al administrador o al especialista en hipotecas de tu banco local. Además, como comentamos anteriormente, visita el sitio web de las Agencias Financieras del Consejo Nacional de Viviendas del Estado (NCSHA) en www.ncsha.org para obtener más información sobre estos programas.

EL ALQUILER QUE PAGAS HOY PODRÍA COMPRARTE UNA CASA MAÑANA

Muchas personas no se dan cuenta de que la misma cantidad de dinero que gastan en alquiler hoy, podría comprarles una casa el día de mañana. Mientras escribo esto (2003), las tasas de interés son las más bajas de los últimos cuarenta y cinco años. Es posible que cuando leas esto ya hayan subido, pero vamos a usar las cifras que tenemos en este momento. Para simplificarlo, por cada $1.000 que pagas de alquiler al mes, podrías costear una hipoteca de $125.000 (incluidos los impuestos y el seguro). Es decir, que si tu alquiler es actualmente de $2.000 al mes, tienes el dinero suficiente para hacer pagos de una hipoteca de $250.000. ¡En casi todo el país, con eso podrías comprarte una vivienda!

¿CUÁNTA VIVIENDA PUEDES PAGAR?

Según el FHA, un buen indicador es que la mayor parte de la gente puede gastar el 29 por ciento de su ingreso bruto en gastos de vivienda; y el 41 por ciento si no tienen deudas.

Ingreso bruto anual	Ingreso bruto mensual	29% del ingreso bruto	41% del ingreso bruto
$20.000	$1.667	$483	$683
$30.000	$2.500	$725	$1.025
$40.000	$3.333	$967	$1.367
$50.000	$4.176	$1.208	$1.712
$60.000	$5.000	$1.450	$2.050
$70.000	$5.833	$1.692	$2.391
$80.000	$6.667	$1.933	$2.733
$90.000	$7.500	$2.175	$3.075
$100.000	$8.333	$2.417	$3.417

Como la tabla anterior te indica, si ganas $50.000 al año, debes tener dinero suficiente para gastar al menos $1.208 al mes en vivienda, ya sea en forma de alquiler o de pagos de hipoteca. Teniendo en cuenta que ser propietario es mejor que ser inquilino, revisa la próxima tabla. Te muestra cuáles serían los pagos mensuales según diferentes cantidades de hipotecas de 30 años a diferentes tasas de interés. (Esto no incluye impuestos ni seguros; para calcularlos vas a tener que averiguar a cuánto ascienden en tu zona.)

PAGOS HIPOTECARIOS TÍPICOS

Pagos mensuales (principal e interés) por hipoteca a tasa fija de 30 años. Impuestos y seguros no incluidos.

Monto de la hipoteca	5,0%	5,5%	6,0%	6,5%	7,0%	7,5%	8,0%
$100.000	$537	$568	$600	$632	$668	$699	$734
$150.000	$805	$852	$899	$948	$998	$1.048	$1.100
$200.000	$1.074	$1.136	$1.199	$1.264	$1.331	$1.398	$1.468
$250.000	$1.342	$1.419	$1.499	$1.580	$1.663	$1.748	$1.834
$300.000	$1.610	$1.703	$1.799	$1.896	$1.996	$2.098	$2.201
$350.000	$1.879	$1.987	$2.098	$2.212	$2.329	$2.447	$2.568
$400.000	$2.147	$2.271	$2.398	$2.528	$2.661	$2.797	$2.935
$450.000	$2.415	$2.555	$2.698	$2.844	$2.994	$3.146	$3.302
$500.000	$2.684	$2.839	$2.998	$3.160	$3.327	$3.496	$3.665

LA CLAVE DEL ÉXITO: CONSEGUIR EL FINANCIAMIENTO APROPIADO

Ahora hemos llegado a la parte más importante de este capítulo: cómo liquidar la hipoteca de tu vivienda y librarte de deudas automáticamente. De hecho, comprar la vivienda es por lo general la parte más fácil. El verdadero problema viene cuando tenemos que determinar cómo vamos a pagar por ella. No hay dudas de que la clave para que todo esto funcione, desde el punto de vista financiero, es conseguir el tipo de hipoteca adecuado.

Hay muchos tipos de hipoteca. Cada tipo tiene sus ventajas y sus desventajas. Echemos un vistazo a qué está disponible y luego te daré mi recomendación de cómo un Millonario Automático debe seleccionar su hipoteca.

SITIOS WEB QUE TE AYUDARÁN A ENCONTRAR Y FINANCIAR UNA VIVIENDA

www.citimortgage.com
www.eloan.com
www.homebuying.about.com
www.homebuyingguide.org
www.homepath.com
www.lendingtree.com
www.pueblo.gsa.gov
www.quickenloan.com
www.realtor.com
www.smartmoney.com/home/buying

TIPOS DE HIPOTECA

TASA FIJA DE 30 AÑOS

Características	Ventajas	Desventajas	¿A quién le conviene este préstamo?
Tasa hipotecaria "vainilla", no cambia por los 30 años de duración del préstamo	Inmoviliza tu tasa de interés y te protege si suben las tasas. Los pagos son iguales cada mes. Fácil de seguir y vigilar.	Estás inmovilizado en una tasa durante 30 años, a menos que refinancies.	Si eres conservador y piensas seguir en esa vivienda mucho tiempo (al menos de 7 a 10 años), esto ofrece los mayores beneficios y flexibilidad.

TASA FIJA DE 15 AÑOS

Características	Ventajas	Desventajas	¿A quién le conviene este préstamo?
Parecida a la hipoteca de 30 años, excepto que la tasa y la hipoteca son de 15 años.	La tasa de una hipoteca de 15 años es más baja que para una de 30 años. Pagas por completo tu hogar y quedas libre de deudas en 15 años. También es fácil de seguir y vigilar.	El pago mensual de la hipoteca es más alto que con la hipoteca de 30 años.	Si eres alguien que realmente ahorra y piensas vivir en tu hogar más de 10 años, este préstamo es excelente. Puedes inmovilizar una tasa y quedar libre de deudas en una década y media.

TASA AJUSTABLE A CORTO PLAZO (5 AÑOS O MENOS)

Características	Ventajas	Desventajas	¿A quién le conviene este préstamo?
Las tasas de interés pueden fijarse entre 6 meses y un año. Algunas de estas hipotecas tienen tasas que cambian mensualmente.	Obtienes una ventaja importante en la tasa de interés, de modo que el pago mensual será mucho más bajo con esta hipoteca que con cualquier otro préstamo.	Si las tasas de interés suben rápidamente, puede que se te dificulte hacer los pagos.	Estos préstamos los usan por lo general las personas que quieren mantener sus pagos mensuales lo más bajo posible. Son mejores para quienes no le tienen miedo al riesgo y esperan vivir en la propiedad sólo unos cuantos años. Muy buen negocio si las tasas se mantienen bajas.

TASA AJUSTABLE INTERMEDIA (LLAMADA A MENUDO 3/1, 5/1, 7/1 O 10/1 ARM)

Características	Ventajas	Desventajas	¿A quién le conviene este préstamo?
La tasa de interés se inmoviliza por un período específico y después se ajusta cada año o cada seis meses, según la tasa de ese momento.	Tasas relativamente bajas.	Tu tasa se inmoviliza sólo por un tiempo limitado. Si las tasas suben, tu pago mensual de la hipoteca también aumenta.	Excelente para la persona que busca tasas bajas y pagos mensuales más bajos, y que no piensa mantener la propiedad durante mucho tiempo. Mientras más tiempo inmovilices la tasa, más altos serán los pagos y menor el riesgo.

POR QUÉ TIENE SENTIDO UNA
HIPOTECA DE 30 AÑOS

Entonces, ¿qué tipo de hipoteca seleccionaste? Mi primera elección para la mayoría de la gente es una hipoteca a tasa fija de 30 años. ¿Por qué? Bueno, en primer lugar, son muy sencillas. También son muy convenientes cuando los intereses están bajos, ya que se fijan en esa tasa baja durante los próximos 30 años.

¿Qué es una tasa baja? Históricamente, cualquier tasa inferior al 8 por ciento se considera muy baja. En 2002, las tasas hipotecarias de 30 años cayeron por debajo del 6 por ciento. Para que veas cómo están las tasas en este momento, entra en cualquiera de los sitios web listados en la página 191 o revisa tu periódico local.

Mis sitios favoritos en la web para mirar las tasas hipotecarias son www.eloan.com y www.yahoo.com (marca *"Finance"* y luego revisa en *"Loans"* y *"Rates"*). Ambos sitios son fáciles de usar y te permiten buscar tasas sin tener que dar información personal. Otros dos sitios buenos a los que puedes ir para obtener información sobre tasas hipotecarias son www .lendingtree.com y www.quickenloan.com.

CÓMO UNA HIPOTECA DE 30 AÑOS
PUEDE ESTAFARTE

Una cosa buena que tienen las hipotecas de 30 años es que inmovilizan una tasa durante 30 años. Y otra excelente ventaja es que son relativamente fáciles de pagar. Después de todo, los pagos mensuales en una hipoteca de 30 años son más bajos que, por ejemplo, los de una hipoteca de 15 años. Aun así, la mayoría de la gente pierde dinero con sus hipotecas de 30 años. Eso se debe a que tú, realmente, no quieres pagar por tu hogar durante más de 30 años. ¿Por qué? Pues porque si lo haces, estarás endeudado y pagando tu hogar para siempre.

A los bancos les encantan las hipotecas de 30 años, ya que se hacen ricos con ellas. Por desgracia, si el banco se hace rico, tú te empobreces. Los números no engañan. Digamos que compras una casa por $250.000. Si obtienes una hipoteca típica de 30 años al 8 por ciento, tus pagos hipotecarios al cabo de los años habrán sumado aproximadamente $660.000. Piensa en eso. ¡Compraste una casa de $250.000 que en realidad te costó $660.000! ¿Dónde se fueron los $410.000 adicionales? Fueron a pagar el interés de tu hipoteca... lo que quiere decir que fueron a parar a los bolsillos del banco, no a tu casa.

Lo que hace que las hipotecas de 30 años se conviertan en algo problemático para casi todo el mundo es que la mayoría de la gente no pasa más de 10 años en su vivienda. El medio es de sólo unos cinco a siete años. Si vives en una casa o apartamento durante, digamos, siete años y luego la vendes, ¡habrás amortizado sólo el 4 por ciento del capital (o principal) de tu hipoteca! Eso es. Como medio, **durante los primeros diez años de tu préstamo, más del 90 por ciento de tus pagos van a pagar el interés.** Sólo de escribir esto me dan ganas de irme a poner un banco. Eso significa que decenas de millones de estadounidenses con hipotecas de 30 años malgastan una fortuna pagando por sus viviendas de esta manera.

CÓMO AHORRARTE EL DINERO DE UNA DÉCADA ENTERA DE TRABAJO

Es difícil salir de todas las deudas —mucho menos ser rico— cuando prácticamente todos tus pagos hipotecarios van a pagar el interés que te cobra el banco. Sin embargo, eso es lo que sucede durante los primeros 10 años en las hipotecas de 30 años. Para decirlo de otra manera, con una hipoteca como ésa, pasas los primeros diez años trabajando muy duro para el banco, pero poco creando algún valor líquido, o *equity*, para ti.

Pero hay otra opción. Si sigues el sistema que estoy a punto de enseñarte, podrás ahorrarte el dinero de casi una década entera de trabajo.

EL SISTEMA SECRETO PARA SER UN PROPIETARIO SIN DEUDAS

El secreto para ser un Millonario Automático es mantenerlo todo simple. Esto es lo que debes hacer. Busca esa vivienda que deseas y cómprala. Obtén una hipoteca de 30 años y, entonces, usa mi sistema secreto.

¿En qué consiste el sistema secreto? Pues consiste en usar un plan de pago bisemanal para liquidar tu hipoteca, y hacer ese plan automático.

¿Qué es un plan de pago bisemanal? Qué bueno que lo preguntaste. Sigue leyendo…

EL PLAN DE PAGO HIPOTECARIO BISEMANAL
DEL MILLONARIO AUTOMÁTICO

Cualquiera puede hacerlo. No necesitas una hipoteca especial. Todo lo que necesitas es tu hipoteca. Lo que debes hacer es tomar la hipoteca normal de 30 años que tienes, y en vez de enviar el pago mensual que envías normalmente, divídelo por la mitad y paga una mitad cada dos semanas.

Vamos a hacer unos cuantos cálculos muy sencillos. Digamos que tu pago hipotecario es de $2.000 al mes. Normalmente, pagarías esta cantidad una vez al mes. Pero ya no lo vas a hacer más. A partir del próximo mes, vas a empezar a enviarle a tu prestamista hipotecario $1.000 cada dos semanas. Al hacer esto, algo milagroso sucederá. De acuerdo con tu tasa de interés, puedes terminar liquidando tu hipoteca antes de tiempo… ¡entre cinco y diez años antes de tiempo! (El periodo promedio es siete años.)

¿Te imaginas cuánto dinero puedes ahorrarte si pagas tu hipoteca antes de tiempo? Repito, todo depende de tu tasa de interés, pero por lo general un propietario estadounidense puede ahorrarse más de $100.000 de su hipoteca con tan sólo seguir este programa sencillo. Y si crees que ese incentivo no es suficiente, ¡piensa que estarás libre de deuda y potencialmente listo para jubilarte hasta diez años antes de lo que habías previsto!

POR QUÉ ESTO FUNCIONA

Lo que sucede cuando envías un pago cada dos semanas en vez de hacerlo una vez al mes es que al final de cada año habrás pagado un mes adicional del valor de tu hipoteca. (Al pagar la mitad de tu pago mensual cada dos semanas, en el transcurso de un año habrás enviado 26 mitades del pago, el equivalente de 13 pagos completos, o un pago más de los meses que hay en un año.)

Previamente dije que éste era un sistema secreto. En honor a la verdad, ya no es un secreto. Los prestamistas lo han conocido durante años y hace poco los medios de información también se han enterado. Igual que Págate a Ti Mismo Primero, ésta es una táctica que mucha gente puede saber, pero pocos la llegan a usar.

UNA DIFERENCIA DE $119.000

Como muestra el siguiente programa de amortización, usar un plan de pago mensual para liquidar una hipoteca de $250.000 de 30 años, con una tasa de interés del 8 por ciento te costará un total de $410.388,12 en cargos de interés a lo largo de la duración del préstamo. Si realizas pagos bisemanales, la misma hipoteca te costará un total de sólo $291.226,69 en intereses. Es decir, cambiar a un plan bisemanal te ahorrará más de $119.000.

Para hallar la calculadora que produjo esta tabla de amortización de forma que puedas calcular tus propias cantidades (de gratis), entra en la Internet y ve a www.bankrate.com. Primero, marca *"Calculators"*, luego *"Mortgages"* y después *"Get a biweekly mortgage payment plan"*. Esto te llevará a la mejor calculadora que he encontrado en la Internet. Puedes hacer rápidamente los cálculos con las cifras de tu propia hipoteca y ver en blanco y negro por qué resulta tan lógico cambiar a un programa de pago bisemanal.

PAGOS MENSUALES FRENTE A PAGOS BISEMANALES

Principal = **$250.000** Tasa de interés = **8,00**% Término = **30** años

Pago mensual: **$1.834,41**		Pago bisemanal: **$917,21**
Interés promedio: **$1.139,97** cada mes	frente a	Interés promedio: **$372,41** cada período bisemanal
Interés total: **$410.388,12**		Interés total: **$291.226,69**

Año	Saldo del principal (pagos mensuales)	Saldo del principal (pagos bisemanales)
1	$247.911,59	$245.930,37
2	$245.649,84	$241.523,53
3	$243.200,37	$236.751,55
4	$240.547,60	$231.584,16
5	$237.674,64	$225.988,62
6	$234.563,23	$219.929,44
7	$231.193,58	$213.368,21
8	$227.544,25	$206.263,32
9	$223.592,02	$198.569,74
10	$219.311,76	$190.238,67
11	$214.676,24	$181.217,31
12	$209.655,98	$171.448,45
13	$204.219,03	$160.870,16
14	$198.330,82	$149.415,36
15	$191.953,90	$137.011,44
16	$185.047,69	$123.579,76
17	$177.568,27	$109.035,14
18	$169.468,06	$93.285,38
19	$160.695,54	$76.230,62
20	$151.194,91	$57.762,73

Año	Saldo del principal (pagos mensuales)	Saldo del principal (pagos bisemanales)
21	$140.905,72	$37.764,62
22	$129.762,54	$16.109,50
23	$117.694,48	$ 0,00
24	$104.624,78	$ 0,00
25	$90.470,30	$ 0,00
26	$75.141,00	$ 0,00
27	$58.539,38	$ 0,00
28	$40.559,83	$ 0,00
29	$21.087,99	$ 0,00
30	$0,00	$ 0,00
Resultado:	Se liquida en 30 años	Se liquida en 23 años

CÓMO ESTABLECER ESTE PLAN

Para establecer un plan de pago bisemanal, lo único que tienes que hacer es llamar a tu prestamista (el banco que tiene tu hipoteca). Diles que a partir del próximo viernes quieres comenzar a pagar tu hipoteca cada dos semanas, y que por eso quieres saber si ellos ofrecen un plan de pago hipotecario bisemanal. Recuerda, esto no significa que refinanciarás o cambiarás tu hipoteca. Quiere decir que estás interesado en participar en un servicio para pagar tu hipoteca de una forma ligeramente diferente; es decir, mediante un plan que te permita enviar tus pagos hipotecarios en base bisemanal. Es muy posible que tu banco o la compañía que tiene tu préstamo te ofrezca precisamente ese tipo de programa. (En Wells Fargo, por ejemplo, se llama *"Equity Enhancer".*)

He aquí algunos beneficios potenciales de un plan de pago hipotecario bimensual:

- Te ahorra miles de dólares en pagos de interés (tal vez cientos de miles).
- Te coloca en un sistema obligatorio de ahorros.
- Facilita el manejo de tus ingresos (porque pagas tu hipoteca cada vez que te pagan a ti).
- Nunca vas a tener que volver a preocuparte de pagar tu hipoteca tarde, ya que es automático.
- ¡Le quita años de pago a tu hipoteca!

NO DEMORA MÁS DE CINCO MINUTOS

Te resultará sumamente fácil establecer tú mismo uno de estos programas. Si tienes tu hipoteca con uno de los bancos más grandes, probablemente ellos te referirán a una compañía independiente que les administra el programa. Por un honorario, que se paga una vez, de $195 a $395, además de un cargo nominal de transferencia que (según la compañía que uses) va de $2,50 a $6,95 cada dos semanas, cuando ellos pasan automáticamente tu dinero de tu cuenta de cheques a tu cuenta hipotecaria, esta compañía independiente te hará el proceso totalmente automático.

TEN CUIDADO CON ESTO

En la actualidad, muchas compañías ofrecen estos servicios. Te recomiendo que pruebes con una que tu banco te recomiende.

Así podrás estar razonablemente seguro de que tratas con una empresa confiable. Una de las mayores de esas compañías es **Paymap Inc.**, que en estos momentos les brinda este servicio a más de treinta instituciones financieras, entre ellas seis de los bancos más grandes del país. Al momento de escribir esto, Paymap cobra $295 por establecer el programa y $2,50 por transacción. Llaman a su programa Equity Accelerator®. (Puedes contactar a Paymap directamente en www.paymap.com, o llamándolos al 1-800-209-9700 para ver si pueden ayudarte.)

QUÉ PREGUNTAR

Las tres preguntas más importantes que hay que hacerle a una compañía de servicios antes de que te inscribas en su plan hipotecario bisemanal son éstas:

- ¿Qué hacen ustedes con mi dinero cuando lo reciben?
- ¿Cuándo en realidad es que ustedes hacen llegar mis pagos adicionales a mi cuenta hipotecaria?
- ¿Cuánto me costará usar el programa?

Estas tres preguntas son imprescindibles, y ahora te digo por qué. Algunas compañías se quedan un tiempo con el dinero adicional que tú aportas para tu hipoteca, y realmente lo envían a la institución que tiene tu hipoteca en una suma total una vez al año. Eso no te conviene. Debes usar una compañía que envía los pagos adicionales a tu hipoteca lo más pronto posible. De esta manera tus pagos adicionales liquidan tu hipoteca más rápidamente. Para que tomes una decisión con conocimiento de causa, también te conviene comparar el costo que conlleva este programa con los ahorros que tendrás.

¿POR QUÉ NO PUEDO HACER
ESTO YO MISMO?

La lógica te dice que tú mismo deberías ser capaz de establecer un programa como éste. Por desgracia, no puedes. Si divides por la mitad tu pago hipotecario mensual y lo envías cada dos semanas, el banco te lo devolverá porque no sabrán qué hacer con eso. Para estar seguro, puedes llamar al banco y preguntarles, pero mi experiencia me indica que te van a decir, "No".

¿NO ES CARO?

Vamos a sacar cuentas. Si pagas $2,50 por transferencia cada dos semanas, eso suma unos $65 al año. A lo largo de veintidós años, el total es un poco más de $1.430, sin incluir el costo de establecer el programa. Si piensas que el costo de la transferencia probablemente aumentará un poquito con el tiempo, no hay duda de que un sistema bisemanal de pago hipotecario te costará miles de dólares.

Entonces, ¿por qué hacerlo? La respuesta es que los pocos miles de dólares que estás gastando te ahorrarán decenas de miles de dólares, si no más. Con el ejemplo sencillo que usé en las páginas 199–200, habrías ahorrado más de $119.000 a lo largo de la duración del préstamo. Suponiendo que encontraste la compañía más cara del mercado para hacer esto y gastaste $10.000 para ejecutar este programa durante veintidós años, aun así te ahorraste $109.000. Más realistamente, con una compañía como PayMap gastarías cerca de $2.000 y ahorrarías $117.000.

Ahora, créeme lo que voy a decir. Muchas personas se enfurecerán al leer esto. Se levantarán en protesta contra la terrible idea que es gastar el equivalente a una comida en McDonald's al mes para tener su hipoteca totalmente automatizada y arreglada de forma que puedan salir de su deuda casi una década antes de tiempo. Estas personas se preocupan por gastar centavos, pero se olvidan de los dólares que se ahorrarán. No se dan cuenta del propósito central de todo esto que es, que al establecer un programa de pago hipotecario bisemanal, puedes crear en sólo minutos un sistema fácil y completamente automatizado que te librará de una deuda mucho antes de lo esperado, acercándote más a convertirte en un Millonario Automático. No sólo eso, sino que también, como un servicio de valor añadido, las compañías que administran los programas de pago bisemanal a menudo revisan tus estados de cuenta hipotecarios todos los años para detectar errores que tu banco puede haber cometido al acreditar tu hipoteca. Éste es un gran servicio. Hagas pagos adicionales o no, ¡vigila siempre tu hipoteca como un águila! Los bancos cometen errores constantemente cuando acreditan pagos hipotecarios y, si no se detectan, estos errores pueden costarte muchísimo dinero.

DOS FORMAS SENCILLAS DE LOGRAR LO MISMO, PERO SIN COSTO

Está bien, ya escuchaste mis explicaciones y, aun así, sigues pensando que no quieres gastar ese dinero. Te gusta la idea de estar libre de deudas antes de tiempo y automáticamente, pero quieres tu cena en McDonald's este mes y no quieres gastar dinero para establecer el programa.

Te entiendo. Casualmente, a mí me encanta McDonald's. Fuera de broma, no te preocupes. He aquí dos formas sencillas de lograr casi exactamente lo mismo **sin pagar un honorario**.

ESTRATEGIA SIN COSTO NÚMERO I

Cualquiera que sea tu pago hipotecario, solamente añádele el 10 por ciento cada mes. Usando el ejemplo de las páginas 199–200, digamos que tu pago mensual es $1.834. El 10 por ciento de eso es $183. Si pagas cada mes $183 adicionales en esa hipoteca (es decir, en vez de enviar al banco $1.834, envías $2.017), acabarás liquidando el préstamo de tu vivienda en veintidós años… con lo cual ahorrarías $129.000 del monto total de la hipoteca. Para que tú mismo hagas este cálculo, ve a www.bankrate.com y marca en *"Calculator"*, luego en *"Mortgages"* y después en *"Mortgage Calculator"*. Si no quieres hacer esto tú solo, sólo llama a tu banco y diles que estás interesado en pagar un 10 por ciento adicional a tu hipoteca, y que deseas que te envíen por correo o fax un programa de amortización. Ellos deberán hacer esto de gratis en cuestión de minutos. Dado que con esta estrategia no habrá costos por abrir el programa ni honorarios por transferencias, podrás ahorrarte unos $15.000 más que con el programa hipotecario bimensual.

Te repito, la clave para hacer que esto funcione es *hacerlo automático*. Si eres como la mayoría de las personas, es probable que no firmes un cheque por el 110 por ciento de tu pago hipotecario cada vez; si nadie te obliga todos los meses, no lo harás. Independientemente de lo que esté sucediendo en tu vida en ese momento, siempre vas a inventar una buena excusa de por qué éste no es un buen mes para hacer un pago adicional.

La forma para evitar esta trampa es *hacerlo automático*. Arregla las cosas para que transfieran automáticamente tu pago hipotecario de tu cuenta corriente.

ESTRATEGIA SIN COSTO NÚMERO 2

Cualquiera que sea tu pago hipotecario, escoge un mes al año para hacer un pago doble de tu hipoteca. Es decir, envía al banco un pago adicional al año. Mi sugerencia es que lo hagas en mayo o junio, idealmente justo después de haber recibido tu devolución de impuestos. Sea cual sea el mes que elijas, no le envíes al banco un cheque por el doble de la cantidad normal. Esto los confundirá. En vez de eso, firma dos cheques por la cantidad mensual habitual. Envía uno con tu cupón de la hipoteca, como siempre, y otro con una nota explicando que quieres que toda esa cantidad sea acreditada a tu principal. Esto te dará los mismos ahorros que con el plan del 10 por ciento, sin cargos adicionales.

Y EN IGUALDAD DE CONDICIONES...

A decir verdad, si bien es cierto que estas estrategias sin costo van a funcionar, en el mundo real muy pocas personas llevarán a la práctica los pagos adicionales requeridos, ya tengan que hacerlo una vez al año o una vez al mes. Así que aquí tienes mi recomendación. Decide si quieres que otra persona haga esto a tu nombre o si quieres hacerlo tú mismo. Si quieres ayuda, ante todo ponte en contacto con tu banco, ve a ver a quien ellos te refieren y examina los costos que supone el proceso, y también llama a PayMap, la compañía sobre la que te hablé en la página 202, y compara los precios y servicios de ambas. Diles a las compañías que te envíen toda la información que tienen acerca de sus planes de pagos hipotecarios bisemanales y LÉELA. Inclusive si no usas sus servicios, entenderás mejor lo conveniente que es liquidar una hipoteca antes de tiempo. Considera cuidadosamente si vale la pena que gastes un costo adicional con tal de que automatices completamente tus pagos para liquidar tu vivienda por adelantado.

Si decides no tomar esta ruta, te recomiendo que pruebes con la primera opción sin costo: pagar un 10 por ciento adicional en tus pagos hipotecarios mensuales. Puedes automatizar el pago adicional solamente con aumentar la cantidad de la transferencia automática mensual que estableces entre tu cuenta de cheques y la institución que te hizo el préstamo hipotecario.

LO QUE TIENES QUE PREGUNTARLE AL BANCO

Cualquiera que sea la opción por la cual te decidas, he aquí unas cuantas preguntas que debes hacerle primero a tu banco o compañía hipotecaria.

¿Puedo hacer pagos adicionales a mi hipoteca sin incurrir en penalidades?

La respuesta debe ser "sí". (Nunca debes aceptar una hipoteca que cobra penalidades por pagos adelantados.)

Si envío más dinero que el que requiere mi pago hipoteca-

rio, ¿qué tengo que hacer para ASEGURAR que el pago adicional se use para amortizar mi principal?

¡TIENES QUE HACER ESTA PREGUNTA! Aunque parezca mentira, la operación normal en la mayoría de los bancos es tomar los pagos adicionales y mantenerlos en una cuenta que no gana interés, no usarlos para amortizar tu hipoteca. Probablemente el banco te dirá que tienes que enviarles una carta con la petición específica de que tu pago adicional sea aplicado al principal. (Pregúntales si tienen un modelo de ese tipo de carta que tú puedas firmar.) Puede que algunos bancos lleguen a pedirte que les envíes el pago adicional (ese 10 por ciento adicional) por separado. Si has automatizado tus pagos hipotecarios, esto no debe constituir un problema. Todo lo que tu banco tiene que hacer es automatizar dos transferencias de fondos al mes el mismo día.

¿Y SI PIENSO VIVIR EN MI CASA MENOS DE TREINTA AÑOS?

Anteriormente, indiqué que el propietario común y corriente vive en su casa menos de diez años. Si es así, ¿para qué vas a preocuparte de tratar de pagar tu hipoteca antes de tiempo si quizás vas a vender tu vivienda y mudarte a otro sitio?

La respuesta es "ahorros obligatorios automatizados". Mientras más rápidamente liquides tu hipoteca, más rápidamente vas a tener valor líquido o *equity* en tu vivienda. Cuando vendas la casa o apartamento, conviertes el valor líquido en dinero. En ese momento, puedes usarlo para ayudarte a comprar una nueva vivienda con una hipoteca más baja, o usarlo para aumentar tus ahorros. Cualquiera de las opciones es excelente.

POR QUÉ LOS BANCOS ODIAN LAS HIPOTECAS BISEMANALES

La mayoría de los bancos no estimulan este tipo de pagos. ¿Por qué? La razón básica es obvia: ¡por dinero! Los bancos hacen un montón de dinero con un préstamo si lo pagas a lo largo de treinta años y no de, digamos, veinte.

También hay otras razones. Cuando envías pagos adicionales, el banco tiene que manejar tu dinero con más frecuencia que si pagas solamente una vez al mes. Esto aumenta sus costos de operación. Pero eso es problema de ellos, no tuyo. Como Millonario Automático, tu preocupación es ahorrar dinero y tratar de llegar lo más pronto posible al día en que estés libre de deudas. Por eso, el plan bisemanal de pagos hipotecarios, o simplemente pagar un poco más cada mes, te conviene. Esta sola idea, si se pone en práctica de manera apropiada, puede hacer que la inversión que hiciste al comprar este libro te rinda 6.000 veces más. Aún más importante es que puede hacerte más rico, más rápidamente y permitir que te jubiles antes de tiempo. **Esto prueba una vez más que la información, cuando la usas, es poder.**

PASOS PARA TOMAR ACCIÓN DEL MILLONARIO AUTOMÁTICO

Esto es lo que debes estar haciendo ahora mismo para convertirte en un propietario de vivienda libre de deuda... automáticamente.

❑ Si todavía no tienes tu propia vivienda, toma la decisión de convertirte en propietario de una.

❑ Ve a www.eloan.com y calcula cuánto puedes permitirte gastar en una casa o apartamento.

❑ Ve a www.bankrate.com y usa su calculadora para ver cuánto puedes ahorrar si haces tus pagos hipotecarios cada dos semanas.

❑ Decídete a liquidar tu hipoteca por adelantado mediante el plan de pago hipotecario bisemanal, o enviando los pagos tú mismo y añadiendo un poco, ya sea una vez al mes o una vez al año.

❑ Si estás interesado en un plan de pago bisemanal, ponte en contacto con tu banco y pregúntales si ofrecen ese tipo de programas, o si pueden referirte a una compañía que lo haga.

❑ Sea lo que sea que decidas hacer con tu pago hipotecario, HAZLO AUTOMÁTICO.

Ahora que has aprendido el secreto de ser un propietario libre de deuda, vamos a averiguar cómo superar el obstáculo restante que impide a la gente hacerse rica: la fatal trampa financiera de las deudas de las tarjetas de crédito.

CAPÍTULO SIETE

EL ESTILO DE VIDA AUTOMÁTICO SIN DEUDAS

Para la mayoría de nosotros, las deudas pueden ser una trampa que nos obliga a trabajar más de lo que deberíamos. Lo que nos endeuda son las malas costumbres, como acumular enormes saldos en nuestras tarjetas de crédito y pagarlos lentamente, si acaso. Estos hábitos pueden perjudicarte y detener tu avance en la vida, o puedes tomar acción para vencerlos. Una de las lecciones más importantes de este libro es que los Millonarios Automáticos no tienen deudas.

En este capítulo, aprenderás una serie de pasos concretos que te permitirán retomar el control de tus tarjetas de crédito y mantenerte sin deudas en el futuro. Si no tienes ninguna deuda de tarjetas de crédito, aun así debes leerte este capítulo, porque te motivará para mantenerte libre de deudas.

TOMA PRESTADO PARA GANAR
DINERO, NO PARA PERDERLO

Una de las razones por las que Jim y Sue McIntyre siempre evitaban las deudas de tarjetas de crédito era porque habían sido educados a la antigua por unos padres que crecieron en la época de la Gran Depresión. Si conoces a alguien que haya vivido durante la Gran Depresión de los años 1930, quizás hayas escuchado sus relatos de cómo la pobreza se había generalizado por todas partes. No había trabajos. La gente no tenía dinero.

Aunque algunas tiendas fiaban a sus clientes buenos, las tarjetas de crédito como las conocemos hoy, no existían. Esto significaba que si no tenías dinero, estabas en apuros. Por lo tanto, la gente que vivió en la Depresión salió de la misma con un odio intenso al endeudamiento, y una poderosa creencia en la importancia del ahorro. Pregúntale a cualquier sobreviviente de la Depresión lo que opina sobre las deudas, y apuesto que la respuesta será algo así: sólo tiene sentido pedir dinero prestado cuando compras algo que puede aumentar de valor (como una casa).

DI LA VERDAD: ¿ERES MÁS
ALARDE QUE SUSTANCIA?

La gente de Tejas tiene una forma genial de describir a alguien que intenta aparentar más de lo que es. Le llaman un tipo de "mucho sombrero, pero sin nada de ganado".

En otras palabras, puede aparentar ser un ranchero rico, pero de hecho no tiene rancho, ni ganado, ni nada. Sólo un sombrero grande (y probablemente un auto llamativo).

Todos los días conozco a gente que parece rica. Probablemente los conoces también. Visten bien, manejan buenos autos y, a veces, hasta viven en casas buenas. Pero cuando examinas un poco más a fondo sus finanzas, lo que encuentras es que no son dueños de lo que visten, de lo que conducen ni de donde viven. Todo está alquilado o pagado con plástico. Lo único que tienen es una montaña enorme de deudas de tarjetas de crédito.

Y tú, ¿qué tienes?

LA FAMILIA ESTADOUNIDENSE COMÚN Y CORRIENTE TIENE $8.400 EN DEUDAS DE TARJETAS DE CRÉDITO

Mira a ver si este zapato te entalla.

En términos generales, los estadounidenses actualmente deben casi medio billón de dólares ($500.000.000.000) en deudas de tarjeta de crédito. (Ojo, eso es sólo en deudas de tarjetas de crédito. No incluye préstamos de auto, hipotecas ni otras deudas.) Eso se queda, como promedio, en unos $8.400 por hogar.

POR QUÉ LA MAYORÍA DE LOS ESTADOUNIDENSES SEGUIRÁN PAGANDO SUS TARJETAS DE CRÉDITO POR EL RESTO DE SUS VIDAS

¿Qué crees que la mayoría de la gente hace cuando llega el estado de cuenta mensual de su tarjeta de crédito? Si contestas que pagan el mínimo de lo que deben, tienes razón.

¿Sabes cuánto te costará al final pagar un saldo de $8.400 en una tarjeta de crédito que cobra el 18 por ciento de interés si sólo pagas la cantidad mínima mensual?

¡La respuesta es $20.615! Pero espera, que es peor todavía.

A ESE PASO, ¡SEGUIRÁS PAGANDO TU SALDO DURANTE TREINTA AÑOS!

Si sólo pagas el mínimo debido cada mes en un saldo de crédito de $8.400, acabarás haciendo 365 pagos mensuales antes de reducirlo a cero. Eso significa treinta años y cinco meses de pagos. Y eso es suponiendo que nunca gastarás ni un centavo más en tu tarjeta, y que nunca tendrás un recargo por pagar tarde ni que nunca pagarás la cuota anual de servicio.

¿Te imaginas? Treinta años y cinco meses de pagos —y eso es para una tarjeta que cobra un interés anual del 18 por ciento. Muchas tarjetas cobran tasas mucho más altas— algunas hasta del 29 por ciento.

Resultado: no puedes convertirte en un Millonario Automático si acumulas saldos de tarjetas de crédito y sólo pagas el mínimo. Todo lo que lograrás es que las tarjetas de crédito se vuelvan ricas y tú sigas pobre.

COMO UN DÍA DE COMPRAS PUEDE TARDAR TRECE AÑOS EN PAGARSE

Lo más peligroso sobre la deuda de tarjetas de crédito es lo fácil que es caer en ella. Considera la práctica común de muchas tiendas de ofrecerte un descuento si estás de acuerdo en inscribirte en su tarjeta de crédito. Funciona así: imagínate que estás en unos grandes almacenes de una cadena de tiendas de ropa y quieres comprar ropa por un valor de $1.100 (digamos que tres camisas, dos suéteres, dos pantalones, o un vestido y un par de zapatos). Mientras cobra esto, un vendedor verdaderamente simpático, alegre y apuesto te sonreirá y te dirá:

—¿No le gustaría ahorrar el 10 por ciento en su compra de hoy? Sabe, puede ahorrar más de cien dólares si abre una cuenta de crédito. Sólo tardará un minuto.

Un comprador típico, intentando ser listo, pensará: *Ay, qué bien. ¡Me voy a ahorrar cien dólares! ¡Vamos a hacerlo!*

Ahora imagínate que cuando llegue el estado de cuenta, pagas lo mínimo… que es exactamente lo que la tienda espera que ocurra. Si la tasa de interés es del 18 por ciento, el saldo de $1.000 tardará 153 pagos —o casi trece años— en pagarse. Para ese entonces, la ropa ya habrá desaparecido y habrás pagado más de $2.000 por una compra de $1.000.

Es un gran negocio para la tienda, pero terrible para ti.

Ésta es mi sugerencia para lo que debes hacer cuando el alegre vendedor te pregunte que si quieres obtener un descuento al inscribirte para una tarjeta de crédito de la tienda.

SENCILLAMENTE, DI QUE NO

Repite conmigo.

No.

No, no quiero una tarjeta de crédito.

No, no quiero un descuento del 10 por ciento.

No, no quiero seis meses sin intereses.

No.

NO.

¡NO!

¿CUÁNTO DEBES?

Espero que a estas alturas estés muy motivado para librarte de la deuda y seguir libre.

Entonces, he aquí la pregunta: ¿tienes deudas de tarjetas de crédito?

SÍ, LAS TENGO... PERO NO POR MUCHO

Tengo _____ (escribir la cantidad) tarjetas de crédito a mi nombre.

Mi cónyuge/pareja tiene _____ tarjetas de crédito a su nombre.

Mis hijos (u otras personas en mi custodia) tienen _____ tarjetas de crédito a su nombre.

El saldo total que se debe en todas estas tarjetas es de $_____.

La tasa de interés promedio que estamos pagando en estos saldos es del _____%.

CUIDADO CON LAS
SOLUCIONES RÁPIDAS

Es importante ser realista sobre la deuda de tarjetas de crédito. No vas a poder solucionar tus problemas de un día para otro. Probablemente tardaste mucho tiempo en meterte en problemas con tu deuda de tarjetas de crédito. Y probablemente te llevará mucho tiempo salir de ellos.

Teniendo eso en cuenta, debes sospechar de cualquier autoproclamado experto que diga que puede resolverte todos tus problemas de crédito con un arreglo rápido y mágico. Si te estás ahogando en deudas, hay reconocidas empresas de asesoría de crédito (*credit counseling*) que pueden ayudarte a preparar un plan para pagar tus deudas. Uno de los servicios más estimados es *Consumer Credit Counseling Services* (Servicios de Asesoría de Crédito al Consumidor, o CCCS).

CCCS es una rama de la Fundación Nacional para la Asesoría de Crédito (*National Foundation for Credit Counseling*), la organización sin fines de lucro más antigua del país para la asesoría al consumidor y para enseñar acerca de la elaboración de presupuestos, el crédito y el abonamiento de deudas. Tiene más de 1.300 afiliadas locales en toda la nación. Puedes encontrar una cerca de ti llamando (sin costo) al 800-388-2777, o en la Internet en www.nfcc.org.

Cuando te pongas en contacto con *Consumer Credit Counseling Services,* te recomendarán un grupo sin fines de lucro de asesoría de crédito en tu zona que pueda ayudarte. Cuando llames para reunirte con este grupo, intenta averiguar lo más posible acerca de qué pueden hacer para ayudarte y qué no. Una pregunta importante que debes hacer es si sus servicios perjudicarán tu clasificación de crédito *(credit rating)*. Y antes de inscribirte con alguien, pregunta a la delegación local de la Oficina de Mejores Empresas *(Better Business Bureau)* si tienen alguna reclamación en su contra.

OPERACIÓN "YA SIN DEUDA"

Bien, vamos a ver las herramientas que están a tu disposición. Hay cinco pasos concretos que debes tomar para salir de la deuda de tarjetas y no volver a caer en ella.

PRIMER PASO **DEJA DE CAVAR**

Empecemos con lo básico. Si estás en un hoyo de tarjetas de crédito —o sea, estás endeudado con tarjetas de crédito y quieres deshacerte de ellas—, tienes que dejar de cavar.

¿Qué quiere decir eso? Bueno, para dejar de cavar más profundo en el hoyo, probablemente lo más lógico sería tirar la pala. Es decir, deshazte de tus tarjetas de crédito. Después de todo, una persona que quiere deshacerse de su deuda con tarjetas de crédito, pero que lleva tarjetas de crédito en su cartera, es como un alcohólico que quiere dejar de beber, pero que lleva una botella de vodka a todas partes.

Hablo por experiencia. Yo solía tener un gigantesco problema con la deuda de tarjetas de crédito. (Cuando estaba en la universidad, acumulé más de $10.000 en compras de tarjetas de crédito al adquirir ropa, muebles, un equipo de estéreo y otras cosas que verdaderamente no necesitaba, y que realmente no me debí permitir.) Después de intentar todo tipo de ejercicios de autocontrol, descubrí que el único que funcionaba era DE-

JAR DE IR A COMPRAR CON TARJETAS DE CRÉDITO EN MI BOLSILLO.

SEGUNDO PASO **RENEGOCIA LA TASA DE INTERÉS DE TU DEUDA**

Una vez que hayas tomado acción para evitar que las cosas empeoren aún más, puedes empezar a intentar mejorar tu situación actual. El objetivo básico es lograr que el pago total de tus saldos de tarjetas de crédito se convierta en algo lo más fácil posible. La forma más fácil y efectiva de hacer esto es conseguir que la compañía dueña de tu tarjeta de crédito reduzca la tasa de interés que te cobra.

Esto es lo que tienes que hacer para conseguirlo.

1. Averigua cuánto interés pagas.

Saca los estados de cuenta de tus tarjetas de crédito y lee los detalles. ¿Cuál es la tasa de interés que estás pagando en este momento? Puede que sea difícil determinarlo. (Después de todo, las compañías de tarjetas de crédito en realidad no quieren que te enteres de cuánto pagas actualmente de interés.) Si es así, llama a la compañía y pregunta cuánto te cuesta exactamente la deuda. Diles que quieres saber la tasa de interés efectiva *(effective rate)*, no la tasa por encima de la principal bancaria *(prime)*. Entenderán esta pregunta y legalmente están obligados a contestar honestamente.

2. Pide una tasa más baja.

Cuando ya te hayas enterado de la tasa de interés que pagas, dile a la compañía de la tarjeta de crédito que esa tasa es demasiado alta y que deseas que la rebajen. (Hazlo con todas las cuentas de tarjetas de crédito que tengas.) Si la compañía dice que no, diles que vas a cerrar tu cuenta esta misma semana y que transferirás tu saldo a la competencia que ofrece mejores tasas. Para que no haya duda de que hablas en serio, diles el nombre de la competencia que tienes pensado. (No debe ser difícil que te acuerdes de una, pues probablemente recibes por correo constantemente solicitudes de compañías de tarjetas de crédito que quieren que transfieras tus saldos a sus cuentas.) Por cierto, no pierdas el tiempo hablando de tasas de interés con la primera persona que conteste el teléfono. Pide hablar con el supervisor. Los supervisores tienen la autoridad de darte una tasa de interés más baja en el mismo momento que hables con ellos. En muchos casos, puedes rebajar tu tasa a la mitad sencillamente con pedirlo; hasta puedes conseguir que eliminen el honorario anual que tienes que pagar por mantener tu tarjeta.

3. Consolida tu deuda.

Si tienes varias tarjetas de crédito, una forma eficaz de lograr salir de sus deudas es consolidar todos los saldos en una sola tarjeta. Una vez más, lo que tienes que hacer es "solamente pedirlo". Cuando negocies con las tarjetas de crédito para reducir tu tasa de interés, diles que estás dispuesto a consolidar toda tu deuda de tarjetas de crédito con la empresa que te ofrece la tasa de interés más baja. ¿Cuánto es bajo? Bueno, los negociadores inteligentes investigan primero. En este caso, vete a www.bankrate.com o www.lowermybills.com, o lee la sección de negocios de tu periódico local. Busca el promedio nacional de las tasas de tarjetas de crédito… y pide la mitad de esa tasa. Aún mejor, pregúntale a la compañía de la tarjeta de crédito cuánto es lo que ofrece a los clientes como tú que desean consolidar su deuda. ¡Que intenten vendértela! Puedes descubrir que con tal de conseguir ocuparse de todas tus cuentas, una de las compañías de tarjetas de crédito te ofrecerá eliminar los cargos de interés durante seis meses. Si es así, ten cuidado; pregunta cuánto será la tasa en el séptimo mes ¡y recuérdalo! Puede subir al 25 por ciento, y en ese caso necesitarás cambiar a una compañía de tarjeta de crédito nueva. Por supuesto, el juego no es ir cambiando de compañía, sino encontrar la tasa más baja posible, y entonces seguir los siguientes tres pasos para que salgas completamente del endeudamiento.

TERCER PASO **PAGA POR EL PASADO; PAGA POR EL FUTURO**

Anteriormente, vimos cómo el tipo de riqueza que acumularás es determinada por cómo fluye el dinero en efectivo en tu vida. Teniendo eso en cuenta, sugerí que establecieras un objetivo para Pagarte a Ti Mismo Primero el 10 por ciento de tus ingresos antes de pagar impuestos. Sin embargo, si tienes una deuda de tarjetas de crédito, necesitarás un plan diferente.

Esto es lo que les sugiero a quienes están endeudados con sus tarjetas de crédito. Cualquier cantidad que hayas decidido Pagarte a Ti Mismo Primero, divídela en la mitad, con el 50 por ciento para ti y el otro 50 por ciento dedicado a pagar tus deudas.

Por ejemplo, digamos que ganas $50.000 al año y que has decidido Pagarte a Ti Mismo Primero el 10 por ciento de tus ingresos preimpuestos. Normalmente, esto significaría que apartarías $5.000 al año, o $416 al mes, para ti. Pero si tienes deudas de tarjetas de crédito, divide los $416 al mes en dos, ahorras $208 al mes para ti y dedicas $208 al mes para reducir la deuda.

La razón por la cual sugiero dividir el dinero de Pagarte a Ti

Mismo Primero de esta manera es para que avances en tu futuro mientras te vas librando de la deuda. El razonamiento utilizado tiene que ver tanto con los sentimientos como con el dinero. Al hacer ambas cosas a la vez, sentirás el progreso. Verás que se ahorra dinero y que se reduce la deuda.

Si fueras a dirigir todo el flujo de efectivo disponible a reducir las deudas, con la idea de que no comenzarías a ahorrar hasta que todas tus cuentas de tarjetas de crédito se pagaran, podrían pasar prácticamente años antes de que comenzaras ahorrar para el futuro. Eso es demasiado negativo; en realidad, es tan negativo que muchos que siguen esta senda se desaniman, se rinden pronto y nunca llegan a la parte del ahorro.

Llamo a mi sistema "Entierra el pasado y salta al futuro". Pruébalo. Funciona.

CUARTO PASO MATA TU DEUDA EN EL ÚLTIMO PAGO

Como describí anteriormente, la forma más fácil y eficaz de salir de la deuda de tarjeta de crédito es consolidar todos tus saldos en una cuenta y, como sugerí en el tercer paso, utilizar la mitad de tu dinero de Pagarte a Ti Mismo Primero para reducirla. Pero, ¿qué puedes hacer si, por alguna razón (digamos, por ejemplo, que debes tanto que ninguna compañía te dará un límite de crédito suficiente), no puedes consolidar tu deuda?

La respuesta es: salir de la deuda mediante MEUP.*

Describí el sistema MEUP por primera vez en el *Cuaderno de Ejercicios de Termina Rico (Finish Rich Workbook).* La idea bá-

---

* Siglas en español de "**M**uertas **E**n el **Ú**ltimo **P**ago". En inglés, las siglas utilizadas por el autor son DOLP™, de *"Dead On Last Payment"*.

sica es librarte de una vez por todas de tu deuda de tarjetas de crédito al pagar todos tus saldos y, entonces, cerrar tus cuentas de tarjetas de crédito.

En otras palabras, tus tarjetas de crédito estarán todas Muertas En el Último Pago, o MEUP, para abreviar.

Por supuesto, cuando tienes muchas tarjetas de crédito, puede ser intimidante tratar de determinar cómo puedes pagarlas todas. ¿Pagas un poquito o todas a la vez? ¿O debes centrarte en una sola tarjeta de crédito? ¿Y en cuál sería?

Aquí es donde entra en efecto el sistema MEUP.

Esto es lo que debes hacer.

- Prepara una lista de los saldos pendientes en cada una de tus cuentas de tarjetas de crédito.

- Divide cada saldo entre el pago mínimo que esa compañía de crédito en particular te pide. El resultado es el número MEUP de esa cuenta. Por ejemplo, digamos que tu saldo pendiente en tu tarjeta Visa es de $500 y que el mínimo debido es $50. Divide la deuda total ($500) entre el pago mínimo ($50) y el número MEUP resultante es de 10.

- Una vez que has determinado el número MEUP para cada cuenta, clasifícalas en orden invertido, poniendo primero la cuenta con el número MEUP más bajo, luego, en segundo lugar, la que tiene el segundo número más bajo, y así. La tabla en la siguiente página te indica cómo debe quedar esta lista.

Cuenta	Saldo pendiente	Pago mínimo mensual	MEUP (Saldo pendiente dividido por el pago mínimo mensual)	Clasificación MEUP (el número MEUP más bajo va primero)
Visa	$500	$50	10	1
MasterCard	$775	$60	12	2
Tarjeta de Sears	$1.150	$35	33	3

Ahora ya sabes el orden más eficiente en el cual debes pagar tus diversos saldos de tarjetas de crédito. Toma la mitad de tu dinero Págate a Ti Mismo Primero y aplícalo a la tarjeta con el número MEUP más bajo. Para cada una de las tarjetas restantes, sólo aplica el pago mínimo.

En el ejemplo anterior, la tarjeta con el número MEUP más bajo es la Visa. Entonces cada mes, dedica la mitad de tu dinero Págate a Ti Mismo Primero para reducir el saldo de la Visa, mientras haces los pagos mínimos con las otras tarjetas. Una vez que tu cuenta de tarjeta Visa esté MEUP (o sea, que esté pagada por completo), la cierras y te centras en la tarjeta con el siguiente número de clasificación MEUP, en este caso, MasterCard.

Debes hacer esto hasta que hayas utilizado MEUP para estar libre de deudas.

Esta es una tabla en blanco que puedes rellenar para crear tu propia lista MEUP.

Cuenta	Saldo pendiente	Pago mínimo mensual	MEUP (Saldo pendiente dividido por el pago mínimo mensual)	Clasificación MEUP (el número MEUP más bajo va primero)

QUINTO PASO AHORA, ¡AUTOMATÍZALO!

Establecer un plan de pago automático para tu deuda de tarjetas de crédito es fácil. Sólo tienes que llamar a tu compañía de tarjeta de crédito y decirles que quieres establecer un pago automático desde tu cuenta corriente todos los meses. Si no pueden hacerlo, consulta con tu banco para ver si ellos ofrecen servicios de pago en la Internet que te permitan coordinar la transferencia automática de dinero desde tu cuenta corriente a tu compañía de tarjeta de crédito en una fecha específica todos los meses. Como expliqué anteriormente, la cantidad del débito debe ser la mitad de lo que sea que hayas decidido Pagarte a Ti Mismo Primero.

PASOS PARA TOMAR ACCIÓN DEL MILLONARIO AUTOMÁTICO

Repasando los pasos que hemos establecido en este capítulo, esto es lo que debes estar haciendo en este momento para deshacerte de tu deuda de tarjetas de crédito... automáticamente.

❑ No vayas a ningún lado con tarjetas de crédito.

❑ Renegocia tus tasas de interés.

❑ Consolida tu deuda, o si eso no es posible, utiliza el sistema MEUP con tus cuentas de tarjetas de crédito.

❑ Decide dedicar la mitad de tu dinero Págate a Ti Mismo Primero para pagar tus saldos.

❑ Hazlo AUTOMÁTICO al coordinar que tu compañía de tarjeta de crédito retire esa cantidad de tu cuenta corriente todos los meses.

Ya casi hemos terminado. Sólo queda un capítulo, y cubre algo que mucha gente que quiere ser millonaria no piensa, pero que debería: cómo hacerse rico al ser generoso; específicamente, cómo lograr mejorar el mundo automatizando tus contribuciones caritativas y diezmos.

¡GRATIS! MI REGALO PARA TI

En el *Cuaderno de Ejercicios de Termina Rico (Finish Rich Workbook)*, escribí un capítulo detallado sobre la deuda de tarjetas de crédito. Abarca cómo salir de la deuda, cómo arreglar tu clasificación de crédito si tienes un problema, y dónde encontrar ayuda si te hace falta. También incluye ejemplos de cartas que puedes escribir a tus compañías de tarjetas de crédito para que corrijan tu historial de crédito, y detalla qué protecciones legales están disponibles para que las agencias que se encargan de cobrar pagos atrasados no te molesten. Si crees que te hace falta más ayuda en este tema, me gustaría ofrecerte este capítulo GRATIS. Lo encontrarás en mi sitio web en www.finishrich.com. Que lo disfrutes.

CAPÍTULO OCHO

CONTRIBUYE AUTOMÁTICAMENTE PARA TENER UN IMPACTO POSITIVO

> "Sobrevivimos gracias a lo que ganamos;
> vivimos gracias a lo que damos."
> —Winston Churchill

Comprar este libro y leerlo hasta sus capítulos finales te convierte en una persona muy especial. Muchas personas compran libros sobre dinero, pero pocas los terminan. Por eso, te felicito. Espero que te haya servido de inspiración para realizar algunas acciones sencillas que a largo plazo tendrán un fuerte impacto en tu vida.

Los principios que has aprendido durante la lectura de este libro son estrategias probadas para crear riqueza y seguridad financiera automáticamente. Son intemporales. Ponlas en acción y lograrás tus sueños financieros. Pero no te enfoques solamente en el resultado. Te mereces disfrutar del recorrido.

Convertirte en un Millonario Automático no consiste simplemente en acumular riqueza. También se trata de aliviar el estrés y las preocupaciones acerca del futuro, de ponerte en una situación que te permita disfrutar de la vida ahora y también en el futuro. Es decir, tener un plan automático no sólo debe cambiar tu futuro, sino también cambiar tu presente.

Teniendo esto en cuenta, me gustaría enseñarte un último paso en nuestro viaje juntos, un paso que te permita sentirte ahora mismo como un millonario, incluso si faltan años para que llegues a convertirte en uno de verdad. ¿Cómo puedes hacerlo? Dando y ahorrando al mismo tiempo; específicamente, mediante el uso de las herramientas que te permitirán convertirte en un Millonario Automático para hacer del mundo un lugar mejor.

EL DINERO NO ES LA VIDA

Leer que el dinero no es la vida quizás te resulte extraño en un libro sobre cómo hacerse millonario. Pero es verdad. Y en el fondo de nuestro corazón, todos lo sabemos.

No, no me malentiendas. El dinero es algo bueno, y yo espero sinceramente que consigas la riqueza que te mereces. Como dicen, "he sido pobre y he sido rico, y es mejor ser rico". Pero el dinero no le dará significado a tu vida. De verdad que no.

¿Por qué motivo perseguimos la riqueza? Creo que no lo hacemos por las cosas que el dinero puede comprar (por agradables que sean), sino para lograr sentirnos de una manera determinada. Tal vez creemos que deseamos un buen auto, un millón de dólares en el banco, una casa grande, dinero para cuando nos jubilemos o para la educación de nuestros hijos, pero básicamente lo que en realidad deseamos es el *sentimiento* que estas cosas nos inspiran.

Pues bien, esto es algo sobre lo que debemos meditar. Por muy lejos que creas que estás ahora de conseguir tus objetivos financieros, estás mucho más cerca de lo piensas de lograr ese sentimiento. De hecho, aunque probablemente todavía te faltan años para convertirte en millonario, es absolutamente posible que puedas comenzar a experimentar ese sentimiento en las próximas semanas.

¿Quieres saber cómo?

TENERLO TODO...
MEDIANTE EL DIEZMO

Estoy a punto de enseñarte un sistema tan viejo como la civilización misma. Se llama diezmo.

¿Qué es exactamente el diezmo?

El diezmo es la práctica anticipatoria de dar a los demás una parte de lo que hemos recibido. Es una práctica espiritual, común a muchas tradiciones, que señala que debes devolver una porción de lo que recibes, que aquellos bendecidos con abundancia tienen el deber de ayudar a los demás por medio de regalos caritativos, tiempo, ideas y dinero. Lo más asombroso del diezmo es que cuando lo llevas a cabo experimentas un sentimiento que a menudo se relaciona con la adquisición de cosas materiales. Te sientes maravillosamente bien.

Pensamos que más dinero y más cosas nos harán sentir muy bien, pero no siempre sucede así. ¿Alguna vez no has deseado mucho algo, pero a los pocos días de obtenerlo, ya el entusiasmo ha desaparecido, te sientes extrañamente vacío y desilusionado? Con el diezmo, mientras más das, mejor te sientes.

TAL VEZ YA HAS OÍDO HABLAR DE ESTO

Es probable que ya conozcas el concepto del diezmo. Casi seguro que la primera vez que oíste hablar de esto fue en un ambiente religioso, en tu iglesia, templo o mezquita. La expresión está basada en la palabra "diez" y la idea original era que se suponía que donaras a obras caritativas el 10 por ciento de lo que habías cosechado de la tierra cada año. Pero el diezmo es más que porcentajes y productividad agrícola. El diezmo no consiste en seguir una tradición, ni en tratar de librarte de un sentimiento de culpa ni en esperar una recompensa en el futuro. El diezmo consiste realmente en dar por el puro placer de dar.

Pero mira qué cosa tan asombrosa. Aunque debes dar por dar, la realidad es que la abundancia suele regresar de vuelta hacia aquellos que dan. **Mientras más des, más vuelve hacia ti.** Es la corriente de la abundancia que nos trae más alegría, más amor, más riqueza y más significado a nuestra vida. En términos generales, **mientras más das, más rico te sientes.** Y no se trata sólo de un sentimiento. Por extraño que parezca, la verdad es que el dinero a menudo se dirige más rápido hacia aquellos que dan. ¿Por qué? Pues porque los que dan atraen a sus vidas abundancia y no escasez.

LOS ESTADOUNIDENSES SON UN PUEBLO MUY GENEROSO

Como pueblo, los estadounidenses son increíblemente desprendidos. En 2001, donaron más de $200 mil millones en contribuciones caritativas. Y más de tres cuartos de ese total fue donado por personas, no instituciones. Efectivamente, nueve de cada diez hogares estadounidenses contribuyen a una o más organizaciones benéficas. Además, aproximadamente 93 millones de adultos realizan algún tipo de trabajo voluntario; el voluntario promedio dona más de cuatro horas de su tiempo cada semana.

Ése es un récord bastante impresionante. Y lo más impresionante de ello es el hecho de que, por definición, todo este esfuerzo es voluntario, resultado únicamente del deseo de la gente de hacer del mundo un lugar mejor. Sin duda, el gobierno ofrece ventajas impositivas a quienes donan dinero a organizaciones benéficas aprobadas, y ser conocido como filántropo puede mejorar tu imagen pública. Pero si vas a la raíz del asunto, la mayor parte de las donaciones son genuinas.

CÓMO DONAR

¿Debes donar? A fin de cuentas, ésa es una decisión personal. Sin embargo, yo te sugiero que si no lo haces actualmente, trates de hacerlo. Toma un porcentaje de tu ingreso y comienza a donarlo a una buena causa. Podrías donar el 10 por ciento asociado tradicionalmente con el diezmo, podrías donar más, o podrías donar menos. Como dije, el diezmo es algo personal;

no se trata de porcentajes, sino de dar por el amor a dar. Lo más importante es, sencillamente, que empieces.

Puede que quieras empezar con poco —digamos, donar solamente el 1 por ciento de tu ingreso— y dejar que, con el tiempo, tus contribuciones aumenten, tal y como te sugerí cuando comenzaste con Pagarte a Ti Mismo Primero. El proceso de comenzar no sólo le da a tu vida un ímpetu que cambiará tu destino, sino que también, al hacerlo, ayudarás a otros.

Si esto te despierta un poco de interés, échale un vistazo al sencillo Plan de Cinco Pasos para el Diezmo que viene a continuación. Si tienes una relación amorosa con otra persona, discútelo con tu pareja. Considera si es algo que puedes hacer. Si es así, inténtalo. Te asombrarás de lo mucho que puede hacer por ti, hacer cosas por los demás.

PASO UNO COMPROMÉTETE CON EL DIEZMO

Para que la donación del diezmo tenga resultado, tiene que ser un compromiso que se cumple de manera consistente. Es lo mismo que el concepto Págate a Ti Mismo Primero. Si donas un porcentaje fijo de tu ingreso cada vez que cobras tu salario, vas a acumular un impresionante récord de contribuciones. Si esperas hasta el final del año para ver qué es "lo que queda", acabarás donando menos… o tal vez incluso nada.

Obviamente, no sugiero —ahora que has pagado el saldo de tus tarjetas de crédito— que te vuelvas a endeudar para poder aportar el diezmo. Selecciona un porcentaje que te parezca apropiado y que sabes que puedes manejar. Luego de hacer eso, haz un compromiso, por escrito, de donar esta cantidad de manera continua.

EL COMPROMISO DE DIEZMO

A partir del _____ [incluye la fecha], donaré un diezmo a obras caritativas del _____% de la cantidad de dinero que gano.

Firma: _____

PASO DOS AHORA, HAZLO AUTOMÁTICO

Cualquiera que sea la cantidad que decidas donar, establece su transferencia automática y de manera regular de tu cuenta corriente. Hoy en día, hacer esto es más fácil que nunca. La mayoría de las organizaciones caritativas te ayudarán con gusto a establecer un programa de transferencia automática (por el cual ellas automáticamente y de manera regular hacen un cobro a tu cuenta corriente), y muchas están preparadas para hacerlo por Internet en cuestión de minutos. Si no te gusta que se le hagan cobros para fines benéficos a tu cuenta corriente, probablemente podrás establecer una transferencia automática a través del sistema en línea para pagos de factura que tiene tu banco. La mayoría de los bancos ofrecen este servicio; lo único que tienes que hacer es llamar al tuyo y preguntar.

PASO TRES INVESTIGA LA ORGANIZACIÓN CARITATIVA ANTES DE DONAR

La causa benéfica a la que donas tu dinero es asunto exclusivamente tuyo. El consejo más importante que puedo brindarte es que te asegures de que la organización caritativa a la que donas esos dólares que tanto esfuerzo te cuesta ganar, use los fondos que recibe para ayudar a las personas o a las causas a las que se supone que ayuda. No olvides que la caridad pública es un enorme negocio, y que los costos administrativos pueden devorar un gran porcentaje de las contribuciones benéficas. A causa de eso, hay muchas organizaciones caritativas que acaban gastando la mayor parte de lo que reciben, no en la gente a la que se supone que ayudan, sino en sus propios salarios y gastos de oficina.

No hace mucho, yo estuve trabajando muy de cerca con una causa con la que me sentía comprometido. Después de donar una semana de mi tiempo y recaudar casi $20.000 en contribuciones, descubrí que menos del 40 por ciento de lo que recibían iba a la causa. Si bien el dinero constituía una ayuda enorme, me desilusionó que los supuestos beneficiados no recibieran un porcentaje más elevado. Es cierto que ninguna obra benéfica puede dar a sus beneficiados el 100 por ciento de lo que recauda. Pero, sin duda, pueden contribuir algo más que el 40 por ciento. Los expertos recomiendan que se busque organizaciones caritativas que hagan llegar a sus beneficiados al menos el 75 por ciento de lo que recaudan, y que se eviten aquellas que los ayuden con menos del 50 por ciento debido a altos costos administrativos, gerenciales y de recaudación de fondos.

Sé un donante listo. Antes de dar, investiga un poco y haz algunas preguntas. He aquí una lista de organizaciones que pueden ayudarte a aprender más acerca de los posibles destinatarios de tus donaciones.

WWW.JUSTGIVE.ORG

Este sitio web fácil de usar es un lugar excelente para comenzar, ya que ofrece enlaces, así como información sobre una buena cantidad de organizaciones y causas a las que podrías destinar tus donaciones.

WWW.GIVE.ORG

Este sitio web de la BBB Wise Giving Alliance (Alianza para Donaciones Inteligentes), una agencia central de información sin fines lucrativos creada en 2001 como resultado de la fusión del Buró Nacional de Información sobre Organizaciones Caritativas y la Fundación del Consejo de las Oficinas de Mejores Empresas, y su Servicio de Asesoría Filantrópica. La Alianza reúne y distribuye información acerca de cientos de organizaciones no lucrativas que solicitan ayuda en todo el país, o que tienen servicios de programas nacionales o internacionales. Antes de hacer cualquier donación, es indiscutible que debes escuchar qué dice esta agencia sobre cualquier organización a la que pienses dar dinero.

WWW.GUIDESTAR.ORG

Constituida en 1994, Guidestar tiene la meta de facilitar las donaciones caritativas al llevar a cabo el tipo de gestión que los filántropos responsables saben que deben que hacer, pero para la que a menudo no tienen tiempo. Su sitio web está repleto de información experta y útil.

WWW.IRS.GOV

Antes de donar dinero a cualquier organización, debes asegurarte de que está reconocida por el IRS como una organización caritativa auténtica y exenta de pagar impuestos según la sección 501(c)(3) del código de impuestos. Para hacer esto, ve al sitio web del IRS y solicita la publicación #526 *(Charitable Contributions)*, la cual trata en detalle lo que tienes que saber acerca de las donaciones caritativas y cómo documentar esas donaciones para el pago de impuestos. También puedes llamar a la línea gratis del IRS, 1-800-829-3676, para pedir que te la envíen por correo.

PASO CUATRO LLEVA LA CUENTA DE TUS CONTRIBUCIONES DEDUCIBLES

Para estimular a los estadounidenses a que donen más, desde hace tiempo el gobierno permite que los contribuyentes deduzcan las donaciones que hagan a causas benéficas aprobadas. De acuerdo con cuanto dones, puedes compensar de esta forma hasta un máximo del 50 por ciento de tu ingreso.

Por supuesto, sólo porque una organización se llame a sí misma caritativa, no quiere decir que el IRS te permitirá deducir las donaciones que aportes a ella. Para que una donación sea deducible, la organización debe solicitar formalmente —y ser aprobada para recibirlo— un estatus de exención impositiva bajo la sección 501(c)(3) del código de impuestos. Como se dijo anteriormente, puedes verificar esto acerca de cualquier organización específica si visitas el sitio web del IRS.

Para donaciones de menos de $250, el IRS te exige que mantengas algún tipo de prueba escrita, como un cheque cobrado, una carta o recibo del destinatario, un estado de cuentas bancario o de una tarjeta de crédito que verifique dónde fue a parar la donación y la fecha en que se hizo. Si das más de $250, el IRS necesita que le envíes una prueba de tu donación junto con tu declaración de ingresos.

Debes ser consciente de que no todas las donaciones son deducibles al 100 por ciento. Digamos que gastas $500 en entradas para un evento benéfico en el cual participas en un torneo de golf o asistes a una cena de gala. Debido a que recibiste un beneficio a cambio de tu contribución, sólo una porción de tu donación será deducible. Esa causa benéfica tendrá que decirte cuánto de tu donación puedes realmente deducir.

PASO CINCO AVERIGUA ACERCA DE LOS FONDOS MUTUOS CARITATIVOS

En años recientes ha surgido un nuevo tipo de inversión en fondos mutuos creados especialmente para los inversionistas interesados en donar a causas benéficas. Se les llama fondos para donantes o caritativos *(donor advised o charity funds)* y permiten que la gente invierta su dinero a beneficio de una causa caritativa más adelante, pero que obtengan una deducción impositiva ahora.

Estos fondos ofrecen una serie de beneficios. Entre ellos:

- **Deducción instantánea de impuestos.** Una vez que tu dinero sea depositado en uno de estos fondos, puedes recibir una deducción de impuestos basada en tus límites del IRS ese mismo año, aunque puede que el dinero no llegue a una organización caritativa sino hasta más adelante.
- **Más dinero para obras benéficas.** Una de las mejores características de estos fondos son las ventajas impositivas que les brindan a las personas que desean donar valores inmobiliarios o bursátiles que han subido de precio. Digamos, por ejemplo, que compraste una acción o un fondo mutuo cuyo precio aumentó después. En lugar de venderlo —por lo que deberás pagar un impuesto considerable por ganancias de capital— y luego donar la cantidad postimpuesto restante, sólo tienes que depositar la

acción en un fondo caritativo. Al mismo tiempo que puedes recibir tu deducción impositiva inmediatamente, la inversión puede seguir creciendo, libre de impuestos, hasta que tú le indiques al fondo que envíe un cheque a una organización benéfica en particular, un cheque que indudablemente será mucho más grande de lo que habría recibido esa organización si hubieras hecho una venta directa de la acción o el fondo mutuo.

- **Menos presión.** Estos fondos son excelentes para las personas que saben que quieren donar (y desearían obtener ahora la deducción impositiva resultante), pero no saben aún a quién le quieren enviar la donación. Lo único que tienes que hacer es colocar en el fondo la cantidad que desees, recibir la deducción y luego decidir, con tiempo suficiente, cuál es la causa benéfica que más te agrada.

- **Creación de un patrimonio.** A medida que aumenta tu riqueza (y crecerá gracias a lo que estás haciendo), estarás cada vez más en posición de tener un impacto positivo y duradero en el mundo. Los fondos para donantes te permiten desarrollar una verdadera base caritativa para tu familia, ya que más de una persona puede contribuir al fondo.

Es importante que entiendas que, una vez que hayas invertido en uno de estos fondos, has hecho una donación irrevocable. No puedes reclamarla. El dinero tiene que permanecer en el fondo hasta que le indiques al fondo que lo entregue a una organización caritativa.

He aquí tres fondos caritativos reconocidos que valen la pena considerar. En el momento en que escribo esto, la inversión mínima inicial en cada uno de ellos es $10.000, con contribuciones posteriores que comienzan en $250. Cabe esperar que, a medida que pasa el tiempo, los mínimos de estos fondos se reducirán de manera que más personas puedan usarlos.

Fidelity Charitable Gift Fund
1-800-682-4438
www.charitablegift.org

Schwab Fund for Charitable Giving
1-800-746-6216
www.schwabcharitable.org

The T. Rowe Price Program for Charitable Giving
1-800-564-1597
www.programforgiving.org

ALGUNAS DE LAS PERSONAS MAS ACAUDALADAS DEL MUNDO HICIERON DONACIONES ANTES DE HACERSE RICAS

Si estudias las vidas de los grandes líderes, visionarios y personas de negocios de nuestro tiempo, hallarás un aspecto sorprendentemente común que enlaza a muchos de ellos: mucho antes de haber acumulado sus fortunas, comenzaron a donar.

Un gran ejemplo de este comportamiento es Sir John Templeton. Sin duda uno de los grandes inversionistas del mundo y dueño de varios miles de millones de dólares, Templeton es reconocido hoy día tanto por su filantropismo como por su conocimiento profundo de las inversiones. Pero Sir John no esperó a ser rico para comenzar a donar. Era donante desde el principio, incluso cuando apenas podía costear el alquiler de su vivienda.

Allá en la época en que Templeton y su esposa ganaban solamente cincuenta dólares a la semana, se Pagaban a Ellos Mismos Primero el 50 por ciento de sus ingresos… y aun así se las arreglaban para dar un diezmo. Y se hizo multimillonario.

Ehhh… ¿no crees que es para pensarlo?

PASOS PARA TOMAR ACCIÓN DEL MILLONARIO AUTOMÁTICO

Luego de revisar los pasos que hemos presentado en este capítulo, he aquí lo que deberías pensar en hacer para convertirte en un donante automático.

❑ Decide cuánto de tu ingreso quieres donar a una causa benéfica.

❑ Escoge una organización caritativa que te interese, en la que confíes y sobre la que hallas investigado.

❑ Automatiza tus donaciones caritativas en una base mensual o bisemanal.

❑ Lleva la cuenta de tus donaciones para deducirlas de los impuestos.

¡TU VIAJE COMIENZA HOY!

Si es tan fácil convertirse en un Millonario Automático, ¿por qué no lo hacen más personas? La respuesta tiene que ver con la naturaleza humana: la mayoría de la gente, sencillamente, no hace las cosas que saben que deberían hacer.

Casi todos quieren tener éxito financiero, pero nunca hallan el tiempo ni la energía para prepararse para ese éxito. Oyen hablar de un programa como éste, pero inventan razones para ignorarlo. Suena demasiado fácil para ser cierto, dicen. "¡Hacerse un Millonario Automático! ¡Eso no se lo cree nadie!" O, peor aún, compran un libro como éste y se entusiasman con él, pero no hacen nada con lo que aprenden.

No seas tú una de esas personas. Ten en cuenta que ya has realizado una labor increíble y que en este momento estás listo para cambiar tu futuro para siempre. Has tomado acción al comprar y leer este libro. Es posible que ya hayas comenzado a poner en práctica las ideas que has aprendido respecto a manejar tu dinero para Pagarte a Ti Mismo Primero y *hacerlo automático*. Si es así, ¡fantástico! Si no has comenzado todavía, éste es el momento de comenzar.

No esperes. El programa del Millonario Automático se basa

en principios sencillos que funcionan. No es difícil ponerlos en acción. **Sólo tienes que comenzar.**

Vuelve atrás y relee el capítulo que más te haya inspirado. Tal vez, igual que yo, sentiste que la historia de los McIntyre te llegó a lo más hondo y te dejó con esa sensación de que "si ellos pueden, yo puedo". (Si lo piensas, estás en lo cierto.)

Quizás sientes curiosidad acerca de cómo encontrar tu Factor Café Latte. Muchos lectores de mis libros anteriores me han dicho que este concepto sencillo ha cambiado miles de vidas. ¿Puede cambiar la tuya? La manera más rápida de averiguarlo es volver a la página 56 y llevar la cuenta de tus gastos durante un día entero. Fíjate en qué sucede cuando lo haces, y observa cuánto te motiva a Pagarte a Ti Mismo Primero.

Tal vez te agradó realmente la idea tomarle la delantera al gobierno y Pagarte a Ti Mismo Primero. Si es así, ¿por qué esperar? Mañana mismo abre una cuenta de jubilación en tu trabajo o abre una IRA en un banco o en una agencia de corretaje. Y *hazla automática*, de manera que no tengas que hacer nada más para que tu dinero empiece a aumentar. Recuerda esto: cuando automatizas tu programa de ahorro, no necesitas disciplina ni tiempo. Te Pagarás a Ti Mismo Primero AUTOMÁTICAMENTE.

Tal vez te impresionó saber que tendrías menos preocupaciones en tu vida si mantuvieras para situaciones de emergencia una cuenta que crecería automáticamente. No importa en qué situación te encuentres, la vida se disfruta mucho más si sabes que tienes en el banco ahorros que te pueden mantener unos cuantos meses. Si eso te parece atractivo, usa los pasos del Capítulo Cinco para convertirte en una de esas pocas personas que sí tienen un almohadón financiero en el cual caer en caso de emergencia.

Tal vez eres un inquilino y lo que leíste en el Capítulo Seis te impulsó a convertirte en dueño de una vivienda. Lo cierto es que realmente no puedes convertirte en Millonario Automático si no eres dueño de tu propia vivienda. ¡Y ahora ya sabes cómo convertirte automáticamente en un propietario sin deudas!

Quizás estás lleno de deudas y esto te motivó a adoptar el estilo de vida automático libre de deudas descrito en el Capítulo Siete. Verdaderamente puede ayudarte… si tomas acción.

O tal vez te inspiró la idea de devolver parte de lo que recibes. Después de todo, la riqueza no consiste sólo en el dinero; es también un modo de vida. Mientras más compartas con los demás, más recibirás. Equivócate y da más de lo que piensas que puedes dar, y verás qué abundante será tu recompensa.

A fin de cuentas, sea cual sea la parte del programa del Millonario Automático que más te atraiga, debes centrarte en una pregunta: ¿por qué no? ¿Por qué no aplicar lo que aprendiste en este libro? ¿Por qué no automatizar todos los asuntos financieros de tu vida? Si no te gustan los resultados, siempre puedes regresar al sistema que usabas antes.

Por supuesto, pienso que no regresarás. Pienso que cuando hayas puesto en marcha el proceso del Millonario Automático, te gustará dejar que siga andando mientras tú te ocupas de tu vida, libre de tensiones relativas al dinero o a la seguridad financiera. Antes de que te des cuenta, brillará ante ti un futuro mejor. En vez de preocuparte por el dinero, estarás en camino de convertirte en un Millonario Automático. Tal vez avances hasta el punto de enseñarles a tus amigos a convertirse en

Millonarios Automáticos, de manera que ellos te acompañen en tu camino.

Imagínate tu vida de aquí a cinco años, con dinero en el banco, sin deudas, un hogar propio y un plan establecido que te permitirá hacerte rico y dar para ayudar a los demás. Imagínate que esas personas a las que amas de verdad te acompañen en tu ruta. ¡Qué maravillosamente bien te sentirás!

Mientras sigues las huellas de Jim y Sue McIntyre y todos los otros Millonarios Automáticos que he tenido la suerte de conocer, quiero que sepas que mis pensamientos y mis oraciones estarán contigo. Sé que eres una persona muy especial llena de sueños y dones personales. Sé que mereces ver que tus sueños se hacen realidad. Y sé que puedes lograrlo.

Si este libro te ha llegado al corazón, me encantaría que me lo dijeras. Te ruego que me dejes saber acerca de tu éxito, tus retos y las cosas que te han inspirado; envíamelos a success@ finishrich.com. Hasta que volvamos a encontrarnos, disfruta tu vida y disfruta tu recorrido. Haz de ambos algo maravilloso.

AGRADECIMIENTOS

Hacen falta muchas, muchas personas para darle vida a un libro, y hay muchas personas que me han ayudado en este viaje para ayudar a que otros vivan y se hagan ricos. *Las mujeres inteligentes acaban ricas, Smart Couples Finish Rich, The Finish Rich Workbook* y ahora *El Millonario Automático* jamás habrían podido llegar a los millones de personas a los que han llegado si yo no hubiera tenido el apoyo y el cariño de un equipo que me brindó su ayuda. Es sólo gracias a las siguientes personas que he tenido el privilegio de hacer este viaje increíble alrededor del mundo y llevar mis ideas y mis libros a tantas personas.

A las siguientes personas, les doy mis más sinceras ¡GRACIAS!

Primero, a mis lectores: a lo largo de los últimos cinco años ustedes me han enviado miles de cartas y correos electrónicos que me han inspirado para seguir haciendo lo que hago. Sus preguntas —así como sus historias personales acerca de cómo mis libros los han ayudado a tener más control financiero de sus vidas y a intentar lograr sus sueños— son lo que me motivan. Saber que he llegado al corazón de tantos de ustedes es lo que da valor a todo lo que escribo, a mis conferencias y mis viajes. Espero sinceramente que mis libros cumplan sus expectativas y respondan a la pregunta que ustedes me han formulado una y otra vez: ¿Cuál es el VERDADERO SECRETO para acabar rico?

A mi equipo de Doubleday Broadway Publishing Group: ésta es una verdadera asociación que disfruto y aprecio. A Stephen Rubin, mi editor, y a Michael Palgon, Bill Thomas y Gerald Howard, gracias por haber apoyado la idea del Millonario Automático. Este libro es más que un libro; es un movimiento, y ustedes ayudan a que ese secreto haya encontrado un hogar en Broadway. A Kris Puopolo, mi editor, este libro fue un verdadero trabajo de equipo. Tú eres el paladín que todo autor sueña tener un día. A Beth Haymaker, gracias por todo tu apoyo entre bambalinas. Hiciste una labor maravillosa al mantenernos en el rumbo correcto. A mi equipo de relaciones públicas en Broadway, David Drake, Jessica Silcox y Laura Pillar, ¡con esto ya son cuatro libros! Qué puedo decir si no es que agradezco profundamente todo lo que han hecho para ayudarme a transmitir mi mensaje. Ustedes han creído en el proyecto desde el primer día, y es gracias a su orientación que he podido llegar a tantas personas. A Catherine Pollock y a Janelle Moburg, gracias por sus esfuerzos de comercialización y ventas; ambas han hecho más de lo necesario respecto a este libro y su misión. A Jean Traina y John Fontana, gracias por el maravilloso trabajo que hicieron con la cubierta; han captado perfectamente el espíritu de este libro.

A Allan Mayer, ya hemos trabajado juntos en cuatro libros. Pocas relaciones en el mundo de los libros duran tanto tiempo, y la nuestra se pone cada vez mejor. Gracias; ha sido un viaje lleno de recompensas. Y gracias por mantenerte firme a lo largo de todas las revisiones a pesar de tener un nuevo bebé. ¡Éste se lo dedico al pequeño Sasha y a Renee!

A Jan Miller, mi estelar agente literaria, te saludo. Me acogiste cuando yo era sólo un asesor financiero con un sueño... y ahora, míranos. Un millón de libros después, ¡de verdad que hemos comenzado a lograrlo! Esto es más divertido aún de lo que me imaginaba. A Shanon Miser Marvin y a Kim Wilson, ustedes son lo mejor. Gracias por llevar la cuenta de todo lo que se necesita para hacer lo que serán ya seis libros en 2005. Sé que les he dado mucho trabajo, y realmente aprecio su dedicación.

A mi equipo ideal que me apoya en FinishRich, Inc., le debo tanto agradecimiento. Ante todo a Liz Dougherty, mi "mano derecha". Fue una verdadera bendición haberte encontrado. Gracias por hacer mi vida más fácil. Eres una asistente estratégica de talla mundial. A mi abogado, Stephen Breimer, cada día agradezco haberte conocido. Gracias por ser un consultor —y un protector— tan maravilloso de todos los negocios que hago. A mi equipo de agentes, Mark y Erik Stroman, de Entertainment Marketing Partners, y a Mark Pearlman, gracias por su visión, su percepción y su compromiso de ayudarme a llegar a más personas. Estoy muy entusiasmado respecto a nuestros próximos proyectos. A mi agente de servicios financieros, Harry Cornelius, hemos realizado negocios durante cinco años, y seguimos. Qué viaje, y cuánta diversión. Tú has sido un verdadero profesional desde el primer día.

A veces cuando tienes un sueño, tienes la suerte de encontrar un socio que puede ayudarte a hacer que ese sueño se convierta en realidad. Para mí, uno de esos socios ha sido Van Kampen Investments. Hemos trabajado juntos desde 2000 para educar a cientos de miles de personas por todo los Estados Unidos y

Canadá con los seminarios de *Smart Women Finish Rich* y *Smart Couples Finish Rich*. Un agradecimiento muy especial para Dave Swanson, Scott West, Lisa Kueng, Gary DeMoss, Kristan Mulley, David Litton, Carl Mayfield, Jim Yount, Mark McClure, Eric Hargens y Mike Tobin, junto con los más de ochentas mayoristas que han apoyado e impartido los seminarios miles de veces. A Jack Zimmerman, Dominick Martellaro y Frank Mueller, gracias por sus años de apoyo. Mi más profunda gratitud también para los miles de asesores financieros que enseñan ahora los seminarios FinishRich todos los años. Hemos llegado a casi 500.000 personas durante los últimos cuatro años. Verdaderamente asombroso. A Jack Kemp y Paula Dooher, de Morgan Stanley, gracias por enviarme por todo el país para extender el mensaje de *Smart Couples Finish Rich*. Fue, con mucho, la gira de seminarios más exitosa que he hecho hasta la fecha, donde llegué a miles de parejas en cuestión de semanas.

Al equipo de AOL —Tina Sharkey, Jodi Hooper, Jennie Baird y Jamie Hammond—, gracias por descubrir al instante el poder de *El Millonario Automático*. Juntos vamos a cambiar las vidas de tantas personas. Me siento entusiasmado de ser el primer Entrenador de Dinero de America Online. Será una aventura.

Luego están todos mis mentores y entrenadores que siguen a mi lado. A Dan y Babs Sullivan, gracias por Strategic Coach, y gracias por enseñarme cómo tomar mi conocimiento y compartirlo con el mundo. A Richard Carlson, Barbara DeAngelis, Tony Robbins, Mark Victor Hansen, Robert Allen, Robert Kiyosaki, Louis Barajas, Dottie Waters, Joe Polish, Bill Bachrach, Marcia Weider, Steven Krein y a tantos más: cada uno de ustedes ha empleado su tiempo a lo largo de los años para enseñarme personalmente cómo mejorar en lo que hago, y por eso les doy de nuevo gracias.

A mis amigos más queridos en todo el mundo, quienes me siguen queriendo a pesar de lo mucho que me demoro en devolver una llamada telefónica o correo electrónico, gracias por estar siempre junto a mí cuando los necesito. Un abrazo especial para Bill y Jenny Holt, Andrew y Belinda Donner, Betsey y T. G. Fraser, Jeff y Caroline Guenther, Jeff y Donna Odiorne, David Kronick, Bill y Courtney Decker, Michael Karr y a nuestros nuevos amigos queridos de Nueva York, Steven y Rebecca Krein, y Mary y Brant Cryder, gracias por hacer que nuestro nuevo hogar se sienta como un hogar. También, al nuevo equipo ideal de empresarios con quienes comparto en Nueva York —Roark, Asha, Tiso, Matt, "B" Martin, David, Tina, Eric—, ¡los quiero a todos! A mis suegros, Joan y Bill Karr, tuve la suerte no sólo de encontrar a Michelle, sino también de ser bienvenido a una familia donde hay tanto amor y apoyo. A mi Nana y a Abuela Goldsmith, las quiero tanto a las dos; gracias por vivir una larga vida, de manera que yo pudiera aprender de ustedes.

A mis padres, Marty y Bobbi Bach, quienes siguen siendo mis más fervientes admiradores, me doy cuenta cada día más de la suerte que tuve de ser su hijo. Los admiro profundamente como personas y los amo profundamente como padres. A mi hermana menor, Emily, y a su esposo, Tom Moglia, aparte de cuánto los quiero a ambos, les estoy muy, muy agradecido por la maravillosa labor que hicieron al ocuparse de mi negocio de planeamiento financiero. El Grupo Bach era una gran maquinaria construida a lo largo de una década, y sé que ustedes han hecho un excelente trabajo con nuestros clientes durante los dificultosos últimos años.

A mi asombrosa esposa, Michelle: a lo largo de los últimos dieciocho meses, durante los cuales nos mudamos a Nueva York, dejando atrás a nuestros amigos y familiares, escribí tres libros, viajé un par de cientos de miles de millas, y me presenté en unos cuantos cientos de programas de televisión y radio. Y a pesar de eso, todavía me amas. No sólo me has escuchado a diario durante los momentos buenos y los malos, sino que tus consejos sobre este libro lo han convertido en lo que es. Darte gracias parece tan poco... pero GRACIAS. Ya hemos compartido casi una década de amistad y amor, y a diario me siento cada vez más feliz de haberte encontrado. Y a mi hijo que viene en camino, Jack, quien todavía no ha nacido mientras escribo estas líneas, gracias por hacer que me diera cuenta de lo especial que es la vida. Sabes que estás en camino hacia nuestras vidas... Eso es realmente lo que significa vivir con riqueza. Estoy ansioso por conocerte.

Finalmente, a los miles de personas con quienes me he encontrado de forma individual como asesor financiero, sus historias me proporcionaron lecciones que puedo enseñar durante mi vida entera, y ahora me doy cuenta verdaderamente de cuán maravilloso es ese regalo.

¡Les estoy profundamente agradecido y los quiero a todos!

—DAVID BACH
NUEVA YORK

ÍNDICE